Michael Pröttel

DIE SCHÖNSTEN WANDERTOUREN

# AUF DEN SPUREN GEHEIMNISVOLLER ALPENSAGEN

## Unterwegs zu Schauplätzen alter Sagen zwischen Füssen und Berchtesgaden



J. BERG

*Die Steinerne Agnes ist eine der faszinierendsten Sagengestalten am bayerischen Alpenrand.*

# Inhalt

## AUF DEN SPUREN GEHEIMNISVOLLER ALPENSAGEN


**Tipps zum Wandern** . . . . . . . . . . . . . . 5

### Berchtesgadener Alpen

1 Der Jäger Berchtold . . . . . . . . . . . . . . 10
2 König Watzmann . . . . . . . . . . . . . . 14
3 Die Steinerne Agnes . . . . . . . . . . . . . 18

### Chiemgauer Alpen

4 Der gespaltene Klobenstein . . . . . . . 22
5 Die Kundel vom Heuberg . . . . . . . . 26
6 Sagen vom Kranzhorn . . . . . . . . . . . 30

### Karwendelgebirge

7 Der Mönch am Schafreuter . . . . . . . 34
8 Der Berggeist Schmuck . . . . . . . . . . 38
9 Frau Hitt . . . . . . . . . . . . . . . . . . . . . 42

### Wetterstein/Mieminger Gruppe

10 Die Leutascher Geisterklamm . . . . . 48
11 Das Wettersteiner Mandl . . . . . . . . . 52
12 Der Schachengeist . . . . . . . . . . . . . . 56
13 Das Untier im Drachensee . . . . . . . . 60

### Walchensee / Estergebirge

14 Die Sage vom Wallersee . . . . . . . . . . 64
15 Der Schatz am Heimgarten . . . . . . . 68
16 Die weiße Frau vom Wildsee . . . . . . 72

### Pfaffenwinkel

17 Der Murn vom Staffelsee . . . . . . . . . 76
18 Das Pestmännlein von Rottenbuch . . 80
19 Der Schatz zu Hohenfreyberg . . . . . . .84
20 Der Hexenplatz auf dem Säuling . . . 88

Register . . . . . . . . . . . . . . . . . . . . . . . . . . 94
Impressum . . . . . . . . . . . . . . . . . . . . . . . . 96


## IN DER WELT DER KLAMMGEISTER UND BERGHEXEN UNTERWEGS

*Rund um den Königssee gibt es viele uralte Legenden.*

In allen Teilen der Alpen gibt es eine große Fülle an uralten Sagen und Legenden. Da macht der bayerische Alpenrand zwischen Königssee und Berchtesgaden keine Ausnahme. So unterschiedlich die verschiedenen Geschichten auch sind, sie alle haben ihren Ursprung zumeist in der Angst und in der Ehrfurcht der Bergbewohner vor den allgegenwärtigen Naturgefahren und Naturphänomenen des Hochgebirges: Da werfen böse Wetterhexen arglose Wanderer in die eiskalten Fluten einer Klamm, dort werden unbarmherzige Herrscher zu ewig mahnenden Felsgipfeln versteinert, und auf exponierten Gipfeln veranstalten Hexen mit dem Teufel wilde Walpurgisnächte.

**… verwunschene Bergseen, geheimnisvolle Almen oder mystische Felsformationen – auf zu Schauplätzen alter Alpensagen!**

# TIPPS ZUM WANDERN

## Zielgruppe

Ob zu verwunschenen Bergseen, geheimnisvollen Almen oder mystischen Felsformationen: Die Wanderungen dieses Führers führen in erster Linie nicht zu Gipfelkreuzen, sondern zu den Schauplätzen alter Alpensagen. Denn wer immer nur zum höchsten Punkt hinauf will, hetzt oft an den – im wahrsten Sinne des Wortes – zauberhaftesten Plätzen vorbei. Daher sind fast alle vorgestellten Sagenwanderungen ideal für Familien geeignet. Aus eigener Erfahrung kann ich versichern: Mit der Aussicht, am Ziel der Tour eine spannende Sage erzählt zu bekommen, lösen sich Motivationsprobleme selbst pubertierender Kids schnell in Luft auf.

Das Buch ist aber keineswegs nur für wandernde Familien gedacht. Beim Vorlesen der Watzmann-Sage gesellte sich beispielsweise am Grünsteingipfel eine Gruppe älterer Wanderer zu uns, um der Geschichte von der versteinerten Königsfamilie andächtig zu lauschen. Obwohl – oder gerade weil – wir in einer Zeit leben, in der Fernsehen, Internet und Handys eine mediale Reizüberflutung ausschütten, zieht die nostalgische Mystik der alten Sagen die Menschen unvermindert an.

*Sagenwanderungen für die ganze Familie*

## Praktische Hinweise

Gerade bei einem Wanderführer, der auch für Kinder gedacht ist, wird die Bewertung der Schwierigkeits- und Zeitangaben zu einer heiklen Aufgabe. Generell gilt in diesem Buch eine Tour als anspruchsvoll, wenn mehr als 800 Höhenmeter zu bewältigen sind.

Zum Vergleich: Bei einem Wanderführer »für Erwachsene« würde ich diese Grenze bei etwa 1200 Höhenmeter ansiedeln. Bei den Zeitangaben habe ich im Vergleich zur gängigen Führerliteratur ein gewisses Zeitpolster dazugeschlagen. Liegen Hütten mit Übernachtungsmöglichkeit auf dem Weg, so kann man selbst entscheiden, wie anspruchsvoll man die Wanderung gestalten möchte. Ein gutes Beispiel ist die Tour 8 auf den Mahnkopf. Geht man am ersten Tag nur zur Falkenhütte und nimmt sich den Gipfel für den Folgetag vor, dann ist die Besteigung eigentlich als »mittel« zu werten. Die ganze Strecke an einem Tag zu bewältigen, ist hingegen eindeutig »anspruchsvoll«. Gleiches gilt für die Wanderung 12 auf den Schachen und Tour 13 zum Drachensee.

## Ausrüstung und Verpflegung

Bei allen Bergwanderungen gehört regen- und winddichte Kleidung mit in den Rucksack. Gerade für die im Gebirge oft wechselnden Temperaturen hat sich der »Zwiebellook« (Unterwäsche/T-Shirt/Pullover – eventuell als Fleece/Anorak) bewährt. Im Herbst und bei Zielen oberhalb von 2000 Metern sollte man auch Mütze und Wollhandschuhe einpacken. Auch die Kinder müssen feste, über die Knöchel reichende Wanderschuhe mit Profilgummisohlen anziehen. Turnschuhe sind nur für flachere Wanderungen (Touren 1, 4, 10, 11, 17, 18, 19) geeignet. Teleskopstöcke sind für Erwachsene eine Erleichterung bei den Abstiegen, wobei hinzuzufügen ist, dass man die Verlagerung des Gewichtes von den Knien auf den Oberkörper erst einmal lernen muss. Für Kinder sind diese Hilfen meines Erachtens noch nicht notwendig.

Ganz wichtig ist es, ausreichend Getränke mitzunehmen. Hierbei gilt 1,5 Liter Flüssigkeit pro Person. Auch wenn die Kids noch so sehr auf Cola stehen sollten, sind Apfelschorle oder Eistee dieser klebrigen Masse vorzuziehen.

Für die Brotzeit sollte man einen Mix aus frischem Obst und Gemüse (z.B. Karotten und Kohlrabi in Streifen kommen meiner Erfahrung nach gut an), lecker belegten Broten und einem süßen »Nachtisch« mitnehmen.

Ab etwa sechs Jahren tragen die Kinder auch schon mal ihren ersten eigenen Rucksack. Dennoch ist es in diesem Alter noch selbstverständlich, dass die Eltern ihre Kinder durch Abnahme schwererer Teile (z.B. Getränke oder Anorak) entlasten. Es ist darauf zu achten, dass der Kinderrucksack weniger als 10 % des Eigengewichtes des Kindes auf die Waage bringt.

Gute Verpflegung und ausreichende Pausen brauchen nicht nur die Kinder auf dem Berg.

Vor Touren im Gebirge sollte man sich gut über das Wetter erkundigen.

## Wetterbericht

Der Erkundung der aktuellen Wetterlage kommt eine zentrale Rolle bei der Tourenplanung zu. Wie holt man nun aber die richtigen Infos ein? Man sollte mehrere Tage vor der geplanten Wanderung das Wettergeschehen beobachten. Hier leistet das Internet sehr gute und im Gegensatz zu den teuren 0190er-Wetter-Telefonnummern kostenfreie Dienste. Langfristigen Prognosen sind zwar Grenzen gesetzt, eine brauchbare Planungshilfe für (verlängerte) Wochenendausflüge ermöglicht aber die sogenannte Mittelfristprognose. Auf den Seiten www.wetteronline.de werden die Wetteraussichten der nächsten drei Tage angegeben. Detaillierte Prognosen zum gesamten Alpenbogen (aufgeteilt in West – und Ostalpen) stellt die Wetterdienststelle Innsbruck täglich für den Folgetag und den übernächsten Tag ab etwa 16 Uhr ins Netz. Diese Seite erreicht man über www.alpenverein.de. Dieselbe Prognose gibt es auch zum normalen Ortstarif unter der Münchner Nummer des Deutschen Alpenvereins: 089/29 50 70.

Parallel zu den Wetterprognosen kann man sich die Panoramabilder (z.B. Webcams im Internet) der Zielregion ansehen und mit den Voraussagen vergleichen. Ist man in der jeweiligen Urlaubsregion bereits angekommen, so können sie sich über den Radiowetterbericht oder bei der örtlichen Touristeninformation darüber informieren, was vom nächsten Wandertag wohl zu erwarten ist. Beim Radio sind Regionalsender meist genauer als bundesweite. Auch die Vermieter vor Ort und die Hüttenwirte geben meist gute Auskünfte, da sie das Lokalwetter besser einschätzen können. Dies gilt ganz besonders für die Wahrscheinlichkeit von Nachmittagsgewittern, die immer wieder schlecht ausgerüstete Wandergruppen überraschen.

… nun aber los. Auf zum
in das Reich der Hexen,

geheimnisvollen Alpenrand,
Almgeister und Bergfeen …

1

# DER JÄGER BERCHTOLD

## Landschaftlich einzigartige Wanderung am sagenhaften Königssee

**SCHWIERIGKEIT** Leicht.

**GEHZEIT** 2 Std.

**HÖHENDIFFERENZ** 100 Hm.

**TOURENCHARAKTER**
Leichte, landschaftlich einzigartige Talwanderung. Auch mit Vorschulkindern gut möglich.

**AUSGANGS- UND ENDPUNKT**
Schiffsanlegestelle Königssee.

**EINKEHR** Fischunkelalm – eine herrliche, unkommerzielle Almwirtschaft. Es gibt nur Buttermilch, Limo und Bier. Zum Essen gibt es leckere Schinken- oder Käsebrote. Die 500 Jahre alte Fischunkelalm wird von Mitte Mai bis Mitte Oktober bewirtschaftet.

**KARTE** UK L4 »Berchtesgadener Alpen« 1:50 000, Bayerisches Landesvermessungsamt.

**INFORMATION**
Tourist-Information Berchtesgaden, Maximilianstraße 9, 83471 Berchtesgaden, Tel. 086 52/944 53 00, Fax 086 52/96 73 81, E-Mail: info.kurhaus@berchtesgaden.de.

**ANFAHRT**
**AUTO** Auf der A8 bis Ausfahrt Bad Reichenhall und weiter auf der B20 über Bad Reichenhall nach Berchtesgaden. Von dort der Beschilderung folgend zum Großparkplatz (gebührenpflichtig) am Königssee.

**BAHN** Mit Umsteigen in Freilassing nach Berchtesgaden und mit lokalem Bus zur Schiffsanlegestelle.

**Eingerahmt von steilen Felswänden, ist der Königssee ein Sagenschauplatz, wie er stimmungsvoller nicht sein könnte. Doch früher trauten sich die Einheimischen offenbar nicht zu dem fjordartigen Bergsee. Denn der Sage zufolge wurde das Gewässer erst durch einen jungen Jägersmann entdeckt.**

**Strecke** Wir beginnen unseren Ausflug mit einer gemütlichen Schifffahrt von Königssee über St. Bartholomä zur Anlegestelle Salet. Von dort folgen wir dem breiten Uferweg, gehen an der Einkehrmöglichkeit Saletalm vorbei und weiter in südöstlicher Richtung auf den Talschluss zu. Bei einer Wegabzweigung geht es weiter geradeaus. Wir laufen leicht ansteigend in den Wald hinein und erreichen bald den Obersee. Hier wenden wir uns nach rechts und folgen dem Ufer weiter nach Südosten. Einmal geht es steiler über Stufen bergauf (hier sollte man Kinder an die Hand nehmen) und dann wieder hinab zum Südende des Obersees, wo die wunderschöne Fischunkelalm liegt.

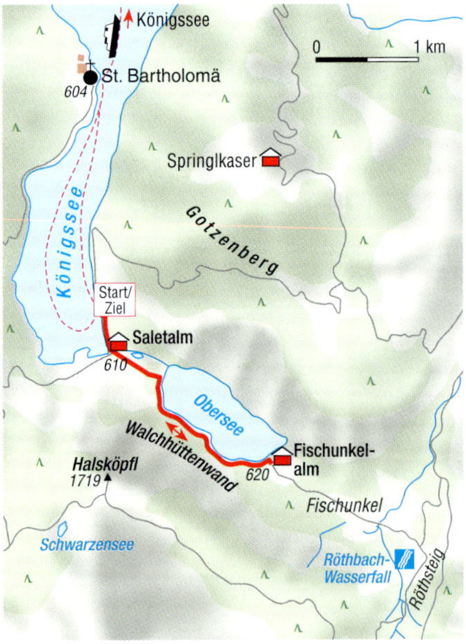


Bevor man hier einkehrt, lohnt sich der Weiterweg zum Talschluss mit dem 470 Meter hohen Röthbach-Wasserfall.

Am Obersee laden kleine Buchten zum Vorlesen der Sage ein.

Wir gehen direkt vor der Alm nach rechts und die Almweiden bergauf. Weiter ansteigend geht es ohne jegliche Orientierungsprobleme durch den Wald.

Sobald man diesen wieder verlässt, wird das Gelände flach, und man hat einen wunderschönen Ausblick auf das zu Tal stürzende Wasser des Röthbaches. Auf dem Rückweg bietet sich oberhalb der Fischunkelalm eine herrliche Aussicht auf den Obersee. Direkt dort sollte man die erste Sage dieses Buches vorlesen.

## … schöne Aussicht, Almen und ein Wasserfall …

**Der Königssee ist bei Touristen sehr beliebt. Wenn man an Wochenenden oder zu Ferienzeiten unterwegs ist, dann sollte man sich möglichst antizyklisch verhalten. Also ein ganz frühes Schiff ins Auge fassen (bevor die Reisebusse kommen), oder aber so spät wie möglich starten.**

**TIPP**

# Der Jäger Berchtold

Im dunklen Bergwald am Fuße der Berchtesgadener Alpen stand einsam und abgelegen das Holzhaus eines alten Försters. Der verwitwete Mann lebte dort zusammen mit seiner schönen Tochter. Sowohl die gefährliche Arbeit im Holz als auch die anstrengende Jagd ging dem Förster immer schwerer von der Hand und er wünschte sich sehnlichst einen Gehilfen, der ihm die Last und auch die Verantwortung abnehmen könnte. Da kam eines schönen Sommerabends ein kräftiger Bursche zufällig an der Waldhütte vorbei. Da der junge Mann gerade auf Wanderschaft war und jede Arbeit gerne annahm, wurden sich der Förster und Berchtold, wie der Bursche hieß, schnell einig. Berchtold war ein eifriger Schüler und erlernte vom alten Förster schnell alle Fertigkeiten, die man für die Arbeit im Wald können muss.

In der Früh und am Abend half Berchtold auch der schönen Tochter bei der Hausarbeit, die ganz glücklich war über den unverhofften Gast auf ihrer einsamen Behausung. Und so kam es, dass die beiden sich nach kurzer Zeit ineinander verliebten. Der alte Förster freundete sich ebenso schnell mit dem Gedanken an, dass Berchtold einst sein Schwiegersohn werden würde.

Doch selbst mit der Hilfe des Jünglings wurde dem Weidmann die Waldarbeit zu schwer. Obwohl seine Tochter ihn bat, sich langsam zur Ruhe zu setzen, ging er jeden Tag in den Wald. Und so kam es, wie es kommen musste: An einem grauen Oktobertag versagte das alte Herz des guten Mannes.

Der Tod des Försters setzte dem Glück der Liebenden ein jähes Ende. Berchtold war nämlich so arm wie eine Kirchenmaus und konnte nicht im Traum daran denken, seine Angebetete zu heiraten. So zog das Mädchen traurig zu Verwandten in die ferne Stadt.

Der junge Mann blieb alleine im einsamen Forsthaus zurück und zog von nun an tagelang melancholisch durch die umliegenden Wälder. Bei einer solchen Wanderung stieß er plötzlich auf einen See, den er noch nie zuvor gesehen hatte. Im dunkelgrünen Wasser des Bergsees spiegelten sich steile Felswände und wurden immer wieder verhüllt von geheimnisvollen Nebelschwaden, die über die glatte Wasseroberfläche trieben.

Berchtold meinte fast zu träumen, als plötzlich ein schneeweißer Schwan auf ihn zu schwamm und sich direkt vor ihm in eine anmutige Wassernixe verwandelte. »Was ist denn nur die Ursache deines großen Kummers?« fragte die mitleidige Wasserfrau. Da machte der Junge einen tiefen Seufzer, setzte sich auf einen Stein und schüttete der Seejungfrau sein schwer beladenes Herz aus. Als er geendet hatte, meinte die Nixe: »Wenn du mutig bist und mir vertraust, dann kann ich dir helfen. Du musst in die dunklen Tiefen des Königssees tauchen. An seinem Boden liegen unermessliche Schätze. Wenn du den Grund erreichst, kannst du soviel davon mitnehmen, wie du nur willst.« Berchtold hatte zuerst große Angst davor, sich in die Fluten des Sees zu stürzen. Doch dann fasste er sich ein Herz. Todesmutig sprang er ins kalte Wasser und wie durch eine geheimnisvolle Kraft getragen sank er unglaublich schnell in die pechschwarze Tiefe. Doch wie staunte er, als es auf einmal wieder heller wurde. Am Boden des Sees funkelte es nur so von goldenen Münzen, silbernem Schmuck und farbenprächtigen Diamanten. Er stopfte seine Taschen bis an den Rand voll mit den wertvollen Schätzen, und wieder war es wohl die Wasserfrau, die ihn gutbehalten ans Tageslicht zurückbrachte. Erschöpft stand Berchtold am Ufer und wollte sich bei der Nixe bedanken. Doch diese war spurlos verschwunden. Nur der weiße Schwan zog in der Ferne majestätisch über das dunkelgrüne Wasser.

Sofort eilte der Bursche in die Stadt, zeigte seiner Geliebten die unverhofften Reichtümer, und noch in derselben Woche feierte das Paar eine rauschende Hochzeit. Da aber das ehemals arme Paar überhaupt nicht mit Geld umgehen konnte, verprassten die zwei ihren Reichtum in nicht einmal fünf Jahren. Als wirklich kein einziger Groschen mehr im Geldbeutel aufzufinden war, machte sich Berchtold auf den weiten Weg zum Königssee. Als er das Ufer des einsamen Gewässers erreichte, schwamm abermals der majestätische Schwan auf ihn zu und verwandelte sich wieder in die Seejungfrau. Mit schlechtem Gewissen erzählte er der Nixe, wie sorglos er und seine Frau mit den Schätzen des Königssees umgegangen waren. »Nun sind wir wieder genau so arm wie zuvor!« schloss der reumütige Berchtold seine Erzählung.

»Da du zwar leichtsinnig warst, aber ein gutes Herz hast, will ich dir noch einmal helfen«, antwortete die Nixe. »Diesmal zeige ich dir aber nicht die Reichtümer auf dem Grund des Königssees, sondern Schätze, die in den Bergen versteckt sind.« Sie fasste Berchtold an der Hand und stieg mit ihm zu geheimnisvollen Berghöhlen auf, in deren Innerem mächtige Salzlager verborgen waren.

Berchtold war auf der Stelle klar, dass er das »weiße Gold« nicht alleine bergen konnte. So stellte er kräftige Burschen aus den umliegenden Dörfern an, um die ersten Stollen in die steilen Felswände zu schlagen. Bald entstand am Fuße des Berges eine Siedlung, die nach ihrem Gründer »Berchtoldsgaden« genannt wurde und bis in die heutige Zeit als »Berchtesgaden« weit über die Täler des Königssees hinaus bekannt ist.

2

**SCHWIERIGKEIT** Leicht

**GEHZEIT** 3–4 Std.

**HÖHENDIFFERENZ** 550 Hm.

**TOURENCHARAKTER**
Leichte und waldreiche Bergwanderung auf guten Bergwegen. Am Gipfel selbst muss man gut auf kleinere Kinder achten, da der Grünstein nach Osten steil abbricht. Der Berg gilt zurecht als der vielleicht beste Panoramagipfel in den Berchtesgadener Alpen.

**AUSGANGS- UND ENDPUNKT**
Wanderparkplatz Hammerstiel.

**EINKEHR**
Grünsteinhütte, 1220 m, vom 1. Mai bis Ende Oktober durchgehend bewirtschaftet, kein Ruhetag, keine Übernachtung.

**KARTE** UK L4 »Berchtesgadener Alpen« 1:50 000, Bayerisches Landesvermessungsamt.

**INFORMATION**
Tourist-Information Berchtesgaden, Maximilianstraße 9,
83471 Berchtesgaden,
Tel. 086 52/944 53 00,
Fax 086 52/96 73 81,
E-Mail:
info.kurhaus@berchtesgaden.de.

**ANFAHRT**
**AUTO** Auf der A8 bis Ausfahrt Bad Reichenhall und weiter auf der B20 über Bad Reichenhall in Richtung Berchtesgaden. Kurz vor Berchtesgaden fährt man rechts in Richtung Ramsau und biegt bei der Abzweigung nach Schönau links ab. Der Vorfahrtsstraße folgend bis zu einer Querstraße. Hier rechts und dann gleich wieder links in die »Hammerstielstraße«, die zum Ausgangspunkt führt.

# KÖNIG WATZMANN

## Auf einen der besten Panoramaberge des Berchtesgadener Tals

**Hinter Bischofswiesen eröffnet sich schlagartig der Blick auf den majestätischen Watzmann und die hinter ihm aufragenden Felszacken. Vor dieser spektakulären Silhouette entstand die Sage von König Watzmann und seiner Familie, die in zwei Versionen über die Jahrhunderte weitergetragen wurde.**

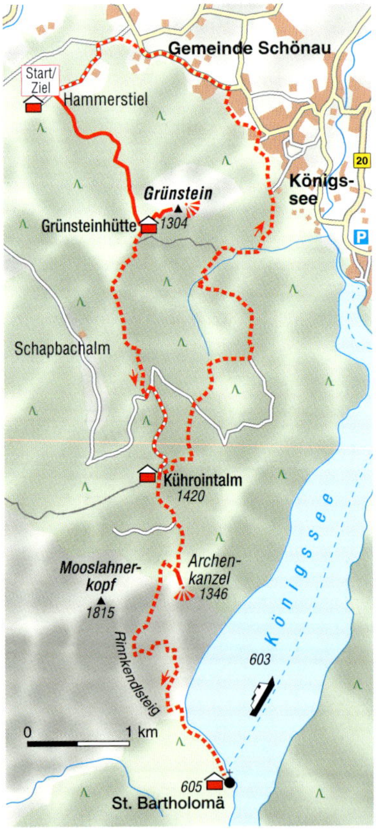


**Strecke** Direkt am Parkplatz führt rechts – der »Nationalpark Infotafel« folgend – ein Weg in den Wald hinein (Weg 445). Dieser lenkt uns zuerst eben, dann steiler einen kleinen Bach entlang bergan. Nach knapp 15 Minuten verzweigt sich der Pfad. Hier nimmt man am besten den linken Weg, der als schöner, schmaler Steig durch den Bergwald weiter bergan führt.

Nach einiger Zeit treffen wir wieder auf den breiteren Weg, dem man bis zur Grünsteinhütte folgt. Man geht rechts an der Hütte vorbei und steigt weiter bergan, bis man aus dem Wald heraustritt und sogleich am Gipfel des Grünsteins steht. Von hier aus bietet sich eine grandiose Aussicht auf »König

*Die Watzmann-Familie ist gerade mit ein paar Wolken eine Sagenkulisse par excellence.*

Watzmann und seine Familie«, was den Grünstein zum idealen Ort für das Vorlesen der Sage macht. Es geht auf dem gleichen Weg zum Ausgangspunkt zurück.

**Wem diese Tour zu kurz ist, der hat zwei weitere Alternativen:**

**A:** Man geht zur Grünsteinhütte zurück und von dort weiter nach Süden, einem schönen Waldkamm folgend und das letzte Stück auf einem breiten Forstweg zur ebenfalls bewirtschafteten Kührointalm. Kurz bevor man diese erreicht, zweigt nach links ein Schild »Königssee« ab. Auf diesem Weg 443 geht es ohne jegliche Orientierungsprobleme ins Tal hinab (gesamt ca. 4.30 Std.).

**B:** Man geht wie bei Alternative A bis zur Kührointalm. Von hier folgt man der Beschilderung »Archenkanzel« weiter nach Süden. Kurz bevor man diesen tollen Aussichtspunkt erreicht (den kurzen Abstecher sollte man unbedingt machen), zweigt nun nach rechts der »Ringkendlsteig« ab (absolute Trittsicherheit und Schwindelfreiheit erforderlich!). Dieser führt sehr steil und zum Teil ausgesetzt zum Königssee und zuletzt nach St. Bartholomä hinab (gesamt ca. 5.30 Std.). Zurück zum Ort Königssee geht es mit den kleinen Linienschiffen (letzte Fahrt in der Hochsaison um 18:30 Uhr).

Bei beiden Alternativen muss man eine gute Dreiviertelstunde für den Rückweg vom Königssee durch Schönau zum Parkplatz Hammerstiel einrechnen.

**Der Königssee ist bei Touristen sehr beliebt. Wenn man an Wochenenden oder zu Ferienzeiten unterwegs ist, dann sollte man sich möglichst antizyklisch verhalten. Also ein ganz frühes Schiff ins Auge fassen (bevor die Reisebusse kommen), oder aber so spät wie möglich starten.**

**TIPP**

# König Watzmann

Vor undenkbar langer Zeit herrschte über Salzburg und das angrenzende Bayern ein mächtiger König, Watzmann genannt. Gegenüber seinen Untertanen war er ein unbarmherziger Herrscher. Er ließ die Bauern seine Macht spüren, wo er nur konnte, quälte sie über alle Maßen und verhängte bei den unwichtigsten Anlässen die härtesten Strafen. Sein Schloss erhob sich nahe dem Königssee hoch in die Lüfte.

Eines Tages trieb ihn seine teuflische Lust dazu, die armen Bauern vor den Pflug spannen zu lassen. Damit die Arbeit schneller vonstatten ging, ließ er Hunde hinterherhetzen. Schon nach kurzer Zeit waren die armen Knechte über alle Maßen erschöpft. Einer der Bauern fiel zu Boden. Als er aber mit dem Gesicht in der Ackerfurche aufprallte, sprang hinter einer größeren Erdscholle ein kleines Männchen hervor. Übermütig hüpfte es dem Pflügenden direkt auf die Hand. Der erschrockene Mann konnte nur mit Mühe einen Aufschrei unterdrücken, aber das Männlein legte warnend den Finger an den Mund und sprang dann rasch in des Mannes Rocktasche.

Zu Hause angekommen, zog der Bauer den kleinen Wicht aus der Tasche und stellte ihn vor sich auf den Tisch. Da fing der Winzling mit gar feiner Stimme zu reden an: »Höre ganz genau zu, was ich dir jetzt sagen will. Ich bin Heinzel, der König der Erdmännchen. Ich kann und will dem verruchten Treiben des Königs Watzmann nicht mehr länger ruhig zusehen. Ich werde eurem Leid ein Ende bereiten und euch von dem grausamen Wüterich befreien. Rufe mir sofort deine Leidensgenossen herbei!«

Der Bauer befolgte sogleich diesen Befehl und eilte fort, um seine Kameraden zu holen. Bald waren alle um das Erdmännlein versammelt. Nun sprang König Heinzel auf einen Holzklotz und begann: »Ihr armen Leute, hört: Bevor ihr morgen zur Arbeit geht, füllt eure Taschen mit Kieselsteinen. Hetzt Watzmann wieder die Hunde auf euch, so werft furchtlos die Kieselsteine auf ihn. Und habt keine Angst, denn ich bin in eurer Nähe.« Während das Männlein diese Worte sprach, war es immer kleiner geworden, bis es ganz und gar vor den Augen der Bauern verschwand.

Am anderen Morgen fanden sich alle wie gewöhnlich zur Arbeit vor dem König ein. Dieser hatte seine ganze Familie dabei und war nicht besser gelaunt als an den früheren Tagen. Sofort ließ er wieder mit lautem Geschrei die Hunde hinter den Bauern herhetzen. Diese aber griffen sogleich in die Taschen, wie ihnen das Männchen befohlen hatte, und schleuderten ihre Kiesel auf den König. Im Flug vergrößerten sich die Steine, wurden zu gewaltigen Felsbrocken und sausten auf den König und seine Hunde nieder, die sich heulend um ihren Herrn geschart hatten. Bald waren Meute und Herr unter der Last ungeheurer Felsblöcke begraben. Nun begannen auch die Steine auf dem Boden sich zu bewegen, rollten auf die geworfenen Felstrümmer hinauf und wälzten sich übereinander. Bald türmten sich an der Stelle, wo eben noch König Watzmann und seine Familie gestanden hatten, ein mächtiger steinerner Bergriese und acht weitere Felszacken in die Lüfte. Seitdem stehen König Watzmann, sein Weib und die sieben Kinder, zu Fels erstarrt, allen grausamen Menschen als warnendes Beispiel über dem Königssee.

In manchen Sagen wird noch erzählt, dass der Königs- und der Obersee durch das zusammengeflossene Blut der Königsfamilie entstanden seien.

**SCHWIERIGKEIT** Mittel.

**GEHZEIT** 5 Std.

**HÖHENDIFFERENZ** 800 Hm.

**TOURENCHARAKTER** Waldreiche Rundwanderung auf schmalen Fußwegen. Schöne Ausblicke auf die Berchtesgadener Alpen. Der Schlussanstieg zur Steinernen Agnes erfordert Trittsicherheit und Schwindelfreiheit. Für Kinder erst ab sechs bis sieben Jahren geeignet.

**AUSGANGS- UND ENDPUNKT** Wanderparkplatz auf der Straße von Bad Reichenhall nach Berchtesgaden, wenige hundert Meter nach dem Bahnübergang Hallthurm, auf der rechten Seite. Blaues Schild »Geologie erleben«.

**EINKEHR** Unterwegs keine Möglichkeit.

**KARTE** UK L4 »Berchtesgadener Alpen« 1:50 000, Bayerisches Landesvermessungsamt.

**INFORMATION**
Tourist-Information Berchtesgaden, Maximilianstraße 9, 83471 Berchtesgaden, Tel. 086 52/944 53 00, Fax 086 52/96 73 81, E-Mail: info.kurhaus@berchtesgaden.de.

**ANFAHRT**
**AUTO** Auf der A8 bis Ausfahrt Bad Reichenhall und auf der B20 über Bad Reichenhall und Bayerisch Gmain Richtung Berchtesgaden bis kurz hinter den Bahnübergang Hallthurm.

**BAHN** Mit Umsteigen in Freilassing nach Bayerisch Gmain. Von hier mit dem Bus 841 zur Haltestelle »Bahnhof Hallthurm«. Zu Fuß in ca. 10 Minuten zum Ausgangspunkt.

# DIE STEINERNE AGNES

## Wunderschöne Bergwanderung im Angesicht der Berchtesgadener Alpen

**Unweit der Rotofenalm schaut eine mächtige, 15 Meter hohe Felsspitze ins Berchtesgadener Land herab – die Steinerne Agnes. Die Einheimischen erklärten sich die Entstehung des Felsens früher mit einer Sage. Geologen freilich wissen es besser: Die unverwechselbare Form kam durch Materialunterschiede im Gestein zustande. Weichere Partien verwitterten stärker als härtere.**

**Strecke** Vom Parkplatz folgen wir dem Wegweiser »Steinerne Agnes Rundweg 16« und somit einem breiten Fahrweg bergan. Sobald es flacher wird, zweigen wir von dem breiten Weg ab und folgen der Beschilderung »Steinerne Agnes Rundweg Aufstieg« nach rechts in den Wald. Nun geht es ohne jegliche Orientierungsprobleme durch den schönen Bergmischwald mal flacher, mal steiler bergauf. Nach einer flacheren Querung bieten sich sehr schöne Ausblicke auf Bad Reichenhall und das Vorland, bevor es noch einmal recht steil zu einem Waldsattel hinaufgeht (1.45 Std.). Wir überqueren an dieser Stelle genau den Hals der »Schlafenden Hexe« (siehe Tipp). An der dortigen Wegkreuzung folgen wir weiter dem Schild »Steinerne Agnes« und wandern nun angenehm flach auf der Südseite des Bergkammes. Nach einiger Zeit zweigt nach links der Abstieg des Rundweges ab. Wir gehen natürlich noch geradeaus und folgen somit der Beschilderung »Steinerne Agnes 150 m« rechts. Zuerst noch angenehm flach, dann nach rechts ansteigend geht es zuletzt

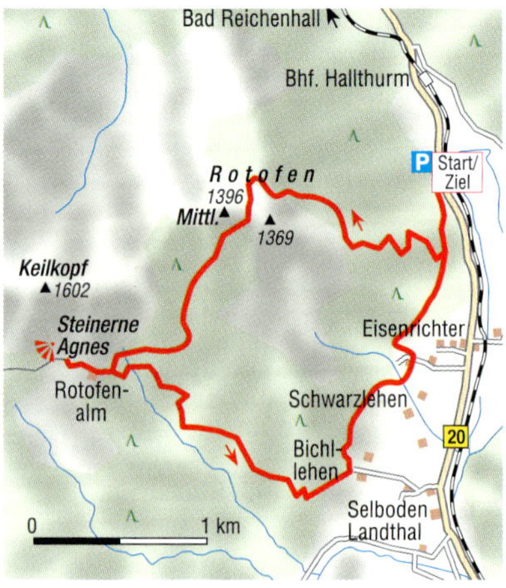

*Blick von der Steinernen Agnes zum Hohen Göll*

über steile Stufen zum Fuße des Felsens hinauf. Um den besten Blick auf die Steinerne Agnes zu bekommen, wendet man sich hier nach rechts und steigt einen steilen, erodierten Pfad bis zu einem Absatz hinauf. Ein kurzes Stück muss unter Zuhilfenahme der Latschen erklettert werden. Hier sind keine Drahtseile vorhanden (2.30 Std.). Abgesehen von der Sicht auf die Steinerne Agnes ist der Ausblick auf die Berchtesgadener Alpen einfach atemberaubend. Der ideale Ort also zum Vorlesen der Sage.

Für den Abstieg laufen wir zur erwähnten Abzweigung zurück und folgen rechts der Beschilderung »Rundweg Abstieg« bergab. Weiterhin geht es auf der Südseite des Lattengebirges im lichten Kiefernwald hinunter, bis man auf einen Ziehweg trifft. Diesem folgt man nach links zu einer Wegkreuzung bergab. Es geht über eine Holzbrücke (Beschilderung von nun an auch »Panoramaweg Hallthurm«) entlang des Waldrandes zurück nach Norden. Nach einer zweiten Brücke kommen wir aus dem Wald heraus und treffen auf einen Fahrweg, der uns mit einer Linkskurve wieder auf den Wald zu führt. Man durchquert ein Gatter und steigt ein letztes Mal bergan. Zum Schluss führt der Fahrweg wieder leicht absteigend an der Abzweigung vom Anfang der Rundtour vorbei und somit zum Parkplatz zurück (5 Std.).

**Der östliche Ausläufer des Lattengebirges, über den unsere Tour verläuft, heißt im Volksmund »Schlafende Hexe«. Sowohl von Norden, aber besser noch von Süden (von Bischofswiesen) aus betrachtet, erkennt man eine auf dem Rücken liegende Hexe mit Stirn, Augen, Nase, vorgeschobenem Kinn, Hals, Brustwarzen und großem Bauch. Auch über sie gibt es eine Sage: Am Hallthurmpass soll eine Hexe ihr Unwesen getrieben haben. Sie reichte den Reisenden mit Gift versetzte erfrischende Getränke und rollte große Felsbrocken von den Gipfeln herab, um vorbeiziehende Gottgläubige zu töten. Auf einer Missionsreise in seine Heimat Ungarn entkam der heilige Martin knapp einer von der Hexe ausgelösten Steinlawine und hielt ihr sein Kreuz entgegen. Daraufhin wurde die Hexe in die Luft geschleudert und fiel, zu Stein geworden, auf das Lattengebirge nieder, wo sie bis heute liegt.**

**TIPP**

# Die Steinerne Agnes

Eine junge Frau mit Namen Agnes war einst die schönste Dirne weit und breit. Die Burschen aus dem Berchtesgadener Land machten ihr den Hof, und viele Mädchen aus den umliegenden Dörfern beneideten die Schöne sehr. Doch im Kreise ihrer Freundinnen galt die Agnes als eine lustige und hilfsbereite Kameradin und war keineswegs unbeliebt. Auch die Arbeit auf dem Hof, an dem sie schaffte, verrichtete sie mit Eifer und Geschick. Der Bauer ließ kein böses Wort über die Agnes fallen.

Darüber hinaus war das Mädchen sehr musikalisch und erfreute viele Dorffeste und auch so manche Hochzeit mit dem flinken Spiel ihres Hackbretts und ihrem anmutigen Gesang. Kurz und gut, die Agnes war eine überaus beliebte und angehimmelte junge Frau. Doch mit den Jahren tat ihr das viele Lob alles andere als gut. Sie wurde immer stolzer und gegenüber ihren früheren Freundinnen von einem wirklich abstoßendem Übermut erfüllt. Oft klagte ihre Mutter: »Mein liebes Kind, wie hast du dich verändert. Warst du doch einst ein so bescheidenes Mädchen. Du wirst noch sehen: Hochmut kommt vor dem Fall.« Doch selbst die Mahnungen der Mutter machten auf die Agnes nicht den geringsten Eindruck.

Wie bereits erwähnt, waren viele junge Burschen hinter der schönen Agnes her, und tatsächlich gelang es einem feschen Jägersmann, sie eines schönen Sommerabends zu verführen. In einem abgelegenen Heustadel verlor Agnes ihre Unschuld und wurde auch noch schwanger. Je größer ihr runder Bauch wurde, desto seltener traute sich die werdende Mutter unter die Leute. Damit ihre Schande nicht offenkundig wurde, blieb sie schließlich allen Dorffesten und sogar den Sonntagsmessen fern.

Eine große Niedergeschlagenheit lastete auf ihrer Seele, die um so größer war, als der Kindsvater das Weite suchte und sich nie wieder bei der Agnes blicken ließ. An einem düsteren Herbstabend klopfte es an ihre Zimmertür. Als die Dirne öffnete, stand der Teufel höchstpersönlich in Jägertracht vor ihr. »Was härmst du dich? Du bleibst ja doch die schöne, flinke Agnes. Ein fester Druck der Hand – ein Laut – und wie alles Weh sei auch das Lebenslichtlein deines Kindleins ausgelöscht!« Schaudernd hörte Agnes, was der Versucher ihr ins Ohr flüsterte. Lange rang die Unglückliche mit der Mutterliebe in ihrem Herzen. Allein die Versuchung, ihre Schande in Vergessenheit geraten zu lassen, war allzu übermächtig! Das Böse hatte den Sieg über die Mutter davongetragen, und die Agnes tötete ihr Kind mit eigener

Hand. Ein solch unfassbares Verbrechen aber wurde vom Herrgott auf der Stelle bestraft. Die Kindsmörderin wurde in einen bizarren Felsen verwandelt. Als steinernes Mahnmal starrt Agnes, zu Stein geworden, nun für alle Zeiten ins Tal der Bischofswiesener Ache hinab.

4

**SCHWIERIGKEIT** Leicht.

**GEHZEIT** 3.30 Std.

**TOURENCHARAKTER** Leichte Familienwanderung, die aufgrund des Waldes auch im Hochsommer angenehme Kühle verspricht. Am Weg liegen ein schöner Rastplatz an der Tiroler Ache sowie eine nette Waldwirtschaft.

**AUSGANGS- UND ENDPUNKT** Parkplatz der Geigelsteinbahn in Ettenhausen.

**EINKEHR** Taverne Klobenstein, im Sommerhalbjahr die ganze Woche über geöffnet.

**KARTE** UK L7 »Chiemsee – Chiemgauer Alpen« 1:50 000, Bayerisches Landesvermessungsamt.

**INFORMATION** Touristik-Information Schleching,
Schulstr.4, D-83259 Schleching,
Tel. 08649/220,
Fax 08649/1330,
E-Mail: info@schleching.de.

**ANFAHRT**
**AUTO** Auf der A8 bis Ausfahrt Bernau und weiter über Marquartstein und Schleching nach Ettenhausen. Dort zum Parkplatz an der Geigelsteinbahn.

# DER GESPALTENE KLOBENSTEIN

## Herrliche Waldwanderung entlang der Tiroler Ache

**Früher war der gigantische Riss im Klobenstein für die Leute unbegreiflich. Die naturwissenschaftliche Erklärung ist jedoch einfach: Der riesige Felsbrocken ist irgendwann einmal von den Bergen oberhalb herabgestürzt und hier liegengeblieben. Das Besondere daran ist, dass er in zwei Teile zerbrochen ist, zwischen denen man wie in einer engen Schlucht hindurchgehen kann.**

**Strecke** Die Wanderung zur Kirche am Klobenstein bietet alles, was sich Wanderer wünschen: Einen schönen Waldweg, eine spektakuläre Hängebrücke, eine nette Kiesbank am Fluss und eine wunderschöne Gastwirtschaft, die sich sich direkt unterhalb eines großen gespaltenen Felsbrockens befindet. Vom obersten Parkplatz der Geigelsteinbahn (gebührenpflichtig) folgt man dem Schild »Schmugglerweg« nach links. Nach einer Weile stößt man auf einen weiteren Fahrweg, dem man nach rechts in Richtung Süden folgt. Bei einer Kehre hinter einer Brücke verlässt man den breiten Fahrweg und folgt dem Schild »Kössen/Klobenstein Hängebrücke«.

Nach einiger Zeit endet der mittlerweile breite Fußweg bei einer Bank und es geht leicht bergan. Wir erreichen nun die Landesgrenze und schon bald macht ein Schild auf den Abzweiger zur »Hängebrücke/

*Über eine Hängebrücke …*

*… geht es hinüber zum gespaltenen Klobenstein.*

Klobenstein« aufmerksam. Ein gut angelegter Weg führt hinab zur Tiroler Ache, die auf der Hängebrücke überquert wird. Auf der anderen Flussseite lädt eine Kiesbank zum Rasten und Hartgesottene zu einem Sprung in die kühle Tiroler Ache ein. Man folgt auf der anderen Talseite dem Fußweg bergan und geht bei einer Gabelung links (Schild »Taverne Klobenstein«).

Nach einem kurzen Anstieg ist die Wirtschaft erreicht, die sich direkt unterhalb des gespaltenen Klobensteins befindet. Hier bietet es sich an die Sage vorzulesen. Vor oder nach der Einkehr sollte man die kleine Kapelle sowie die Wallfahrtskirche mit ihren Votivtafeln besichtigen. Man kehrt auf demselben Weg zum Ausgangspunkt zurück.

**Im Hochsommer kann man durchaus das Badezeug einpacken und einen Sprung in die frische Tiroler Ache wagen.**

**TIPP**

# Der gespaltene Klobenstein

Von der Wallfahrtskapelle »Beim Klobenstein« geht die Sage, sie habe früher auf der anderen Seite des Baches gestanden, sei aber von Engeln an die Stelle hinübergetragen worden, an der sie jetzt steht. Dort versperrte jedoch ursprünglich ein mächtiger Felsblock den Pfad. Die frommen Wallfahrer, die aus Bayern über die Grenze herüberkamen, um in der Kapelle zu beten, mussten einen langen und beschwerlichen Umweg machen, um zu dem Gnadenort zu gelangen. Dieser Weg war gefährlich, da er entlang steiler Berghänge führte. Eines kalten Tages im Spätherbst kam ein altes Mütterlein den Weg entlang gewandert. Die Frau wusste nichts von dem Weghindernis und stand daher unvermutet vor dem riesigen Fels. Die Alte war von weit her gewallfahrt und konnte vor Müdigkeit kaum weiter. Zudem war der Nachmittag schon weit fortgeschritten. Sie seufzte, als sie den Felsblock vor sich sah. Denn auf dem in den steilen Bergwald führenden Umweg hätte die gebrechliche Wallfahrerin wohl Kopf und Kragen riskiert. »Ach du Hochgebenedeite!« rief das Mütterlein, »wäre ich doch schon bei dir in deiner Kapelle, meine armen Füße tragen mich nicht mehr weit!«

Da schwebte mit einem Male die heilige Mutter Maria über den Felsblock, im himmelblauen Gewand mit silbernem Schleier. Und sowie des Schleiers Saum den Fels berührte, teilte er sich nahezu lautlos zu beiden Seiten auseinander. Der einst feste Felsen hatte sich »gekloben« – das ist tirolischer Sprachgebrauch, wo man klieben und gekloben statt spalten und gespalten sagt. Ohne Mühen konnte das alte Mütterlein nun durch den Riss des Felsens schreiten und so die Kapelle ereichen. Sobald sie das Wunder kundgetan hatte, nannte das Volk die Wallfahrtskapelle selbst »Beim Klobenstein«.

Es gibt noch eine zweite Version der Legende: Die Entstehung der Wallfahrtskirche geht nach jener Geschichte auf das Erlebnis einer Bäuerin zurück, die auf dem Weg zwischen Kössen und Schleching am Klobenstein plötzlich einen großen Felsblock von oben auf sich zu stürzen sah. Die Bäuerin warf sich nieder und flehte die Muttergottes um Hilfe an. Das Stoßgebet wurde erhört. Der Felsblock spaltete sich in zwei Teile, die links und rechts der Bäuerin niederstürzten und dort liegen blieben.

Der seltsame gespaltene Felsblock war offenbar schon länger bei den Menschen des Umlands bekannt. Er wurde mit einem Marienbild versehen und gerne aufgesucht. Es entstand zuerst eine kleine »Waldkapelle«. Erstaunlicherweise sind keine kultischen Handlungen rund um den Klobenstein im »Wallfahrtsbüchlein« überliefert. Vielleicht liegt es daran, dass das sogenannte »Durchschlupfen« des Steines von der Amtskirche sogar mit Strafsanktionen bedroht worden ist.

5

**SCHWIERIGKEIT** Anspruchsvoll (siehe Tipp).

**GEHZEIT** 5 Std.

**HÖHENDIFFERENZ** 900 Hm.

**TOURENCHARAKTER** Waldreiche, teils steile Bergtour, die beim Anstieg Trittsicherheit erfordert.

**AUSGANGS- UND ENDPUNKT** Östliches Ortsende von Nußdorf.

**EINKEHR** Gasthäuser an der Daffnerwaldalm.

**KARTE** UK L7 »Chiemsee – Chiemgauer Alpen«, 1:50 000, Bayerisches Landesvermessungsamt.

**INFORMATION** Verkehrsverein Nußdorf am Inn e.V., Bugscheinweg 3, 83131 Nußdorf am Inn, www.nussdorfaminn.de.

**ANFAHRT**
**AUTO** Von München aus über die A8 und die A93 bis Ausfahrt Nußdorf. Hier über den Inn und an der Kreuzung in Nußdorf rechts. Vor der Kirche links zuerst der Straße »Am Rain«, dann der »Dorfstraße« folgen. Nach den Mühlen rechts, dann wieder links in den »Heubergweg«. Vor dem Verkehrsschild »Sackgasse/Anlieger« rechts und dort parken.

**BAHN** Mit dem Zug nach Rosenheim und weiter mit dem Bus Nr. 9490 nach Nußdorf am Inn.

# DIE KUNDEL VOM HEUBERG

## Ausgedehnte Wanderungen hoch über dem Inntal

**Von Nußdorf sind auf der Südseite des Heubergs zwei aus dem Wald herausragende Felsen zu erkennen. »Kundel und Backofen« nennen die Einheimischen die Kalkformationen. Während die meisten Bergsteiger am Sammerberg die Wanderung auf den Heuberg beginnen, starten wir deshalb unsere Rundtour in Nußdorf und sind auf dem Anstiegsweg so gut wie alleine unterwegs.**

**Strecke** Man folgt dem »Heubergweg«, geht an der Gabelung rechts und verlässt den Teerweg, indem man dem Schild »Fußweg Überfilzen« anhängt. Wir stoßen auf einen Teerweg und folgen diesem kurz nach links, um ihn gleich in einer Kurve nach rechts zu verlassen (deutlicher Fußweg, aber Abzweigung nicht markiert; wenn man zur Schranke kommt, ist man zu weit). Nun geht es durch den Bergwald bergan. Zweimal wird eine breite Forststraße überquert, dann verläuft der Pfad ein Stück parallel zur Forststraße (gut auf Markierungen achten). Der Weg wendet sich nach links bergan. Vor einer Felswand schwenkt er nach rechts. Hier beginnt ein ausgesetzterer Teil des Anstiegs, bei dem Trittsicherheit erforderlich ist. Das Gelände wird wieder flacher und wir kommen zur Bichleralm.

Dahinter hält man sich an einem Sattel mit Weggabelung rechts. Ein Bergrücken führt schließlich erst in südlicher, dann in östlicher Richtung zum Gipfel, der sich zum Vorlesen der Sage anbietet. (Denn zu den Felsen »Kundel und

»Kundel und Backofen« (ganz rechts) vom Inntal aus gesehen

Am Gipfelkreuz des Heubergs

Backofen« selbst führt kein Wanderweg direkt hin.) Man läuft nach Norden zu einem Sattel und steigt nach rechts zur Daffnerwaldalm ab. Hier folgt man der Teerstraße. Bei der dritten Kehre muss man aufpassen: Hier verlässt man die Straße, indem man geradeaus geht (unmarkiert). An der Gabelung halten wir uns halbrechts und wandern steiler in einem Hohlweg bergab, bis wir wieder auf die Teerstraße treffen. Hier geht es links, bis man an einer leichten Kurve an einem kleinen Tälchen wieder nach rechts abzweigen kann.

Diesem Weg folgen wir nun immer durch den Bergwald bergab (an der Gabelung halblinks), bis wir im Almgelände von Gerstland auf den »Pilgerweg zur Kirchwald« treffen. Diesen beschreiten wir nach links, kommen an Kreuzwegstationen vorbei und erreichen Kirchwald. Dahinter trifft man noch einmal auf die Teerstraße, der man ein Stück bis zu einer Linkskurve folgt. An dieser laufen wir geradeaus und steigen das letzte Stück der Wanderung über einen Fußweg nach Nußdorf.

**Mit kleineren Kindern ist es viel leichter und kürzer, den Heuberg von der Daffnerwaldalm aus zu besteigen. Diese erreicht man von Nußdorf aus in eineinhalb Stunden, vom Samerberg (Waldparkplatz Schweibern) in etwa einer Stunde.**

**TIPP**

# Die Kundel vom Heuberg

Gegenüber dem Dörflein Fischbach steigt auf der anderen Seite des Inns ein mächtiger Bergstock empor. Unter den Gipfelzacken fallen Felswände senkrecht ab und dem Tal zu erblickt man steile Wiesenhänge. Heuberg heißt er, weil die großen grünen Matten herrliches Gras und Heu liefern für das Vieh auf der Almweide, beziehungsweise während des Winters im Stall. Vor langer Zeit besaß ein Bauer aus Nußdorf droben auf diesem Berg eine besonders ergiebige Almweide, wie es ringsum keine solche mehr gab, mit saftigem, fettem Gras. Die Kühe, die den Almsommer dort oben verbrachten, lieferten sehr gute und sehr viel Milch.

Diese Alm bewirtschaftete eine Sennerin, die wohl das schönste Mädchen im ganzen Inntal war. Mit dem Taufnamen hieß sie Kundel, wohl eine Abkürzung für Kunigunde. So hübsch und fesch das Mädchen war, so stolz und hartherzig war es aber auch.

Eines Tages hatte die Kundel Brot gebacken und sie war gerade dabei, aus dem neben der Almhütte stehenden Backofen die fertigen Brotlaibe herauszunehmen, als ein altes, kleines Männlein aus dem Wald trat. Gar inständig bat dieses um ein Stück von dem Brot, das da so duftend aus dem Ofen kam. »Seit zwei Tagen habe ich keinen Bissen mehr zwischen den Zähnen gehabt. Mein Wanderbeutel ist genauso leer wie mein knurrender Magen«, meinte das seltsame Männchen. Die unbarmherzige Almbauerin aber wies den Bettelnden mit groben Worten ab. Als dieser noch mehr um nur ein kleines Stück Brot flehte, hob sie einen Stein auf, gab ihn dem Bettler und meinte, das sei Brot genug für ihn.

Der kleine Mann kehrte der mitleidlosen Kundel den Rücken und war bald auf dem Weg ins Tal ihren Blicken entschwunden. Doch nun erhob sich urplötzlich ein schreckliches Gewitter.

Der Sturm fuhr heulend um den Berg, Blitze züngelten und zuckten wild herum, und das Donnerrollen schien kein Ende zu nehmen. Es war, als ginge die Welt unter. Die Kundel kauerte sich unter den Backofen, während der Regen aus den geborstenen Wolken herabprasselte. Ganz allmählich zog das Unwetter ab, und als es wieder lichter wurde, da war Kundels Alm verschwunden. Die hartherzige Sennerin war neben dem Backofen zu Stein geworden.

So steht sie heute noch als Felsblock am Heuberg zur Warnung für alle jene, die Herzen aus Stein haben und die Hungrigen nicht speisen wollen, wie Gott es einst den Menschen anbefohlen hatte.

Übrigens gibt es noch eine zweite Namenserklärung. Demnach hat der »Heuberg« gar nichts mit Heu zu tun. Der Begriff »geheuter Berg« ist gleichbedeutend mit »geheiter Berg«, was soviel wie »verbotener Berg« bedeutet. Eine verwunschene Stätte also, die es zu meiden gilt.

# 6

**SCHWIERIGKEIT** Leicht.

**GEHZEIT** 3 Std.

**HÖHENDIFFERENZ** 500 Hm.

**TOURENCHARAKTER** Wunderschöne Rundwanderung ohne nennenswerte Schwierigkeiten. Am Gipfel selbst muss man auf Kinder aufpassen, da dieser steil ins Inntal abbricht.

**AUSGANGS- UND ENDPUNKT** Wanderparkplatz nördlich der Trockenbacher Alm.

**EINKEHR** Kranzhornalm, von Mai bis Oktober, kein Ruhetag, Tel. 00 43/53 73/81 37, www.kranzhorn.at.

**KARTE** UK L7 »Chiemsee – Chiemgauer Alpen« 1:50 000, Bayerisches Landesvermessungsamt.

**INFORMATION** Tourismusverband Ferienland Kufstein, Unterer Stadtplatz 8, A-6330 Kufstein, Tel. 00 43/53 72/622 07 Fax 00 43/53 72/614 55, www.erl.at.

**ANFAHRT**
**AUTO** Von München über die Salzburger und Inntal-Autobahn bis nach Nußdorf. Von hier weiter nach Süden bis nach Erl. Dort direkt nach der Kirche nach links Richtung »Erler Berg/Kranzhorn«. Dem Teerweg bergan folgen, bei der Gabelung nach links Richtung »Schutzhütte Kranzhorn«. Über die freien Flächen der Trockenbacher Alm in den Wald und bei einer weiteren Gabelung an der Kurve steiler nach links bergan bis zu einem großen Wanderparkplatz.

# SAGEN VOM KRANZHORN

## Zu einem einzigartigen Aussichtsberg hoch über dem Inntal

**Mit einer steilen Felswand bricht der Gipfel des Kranzhorns ins tief unterhalb gelegene Inntal ab. Der Blick auf den Wilden Kaiser und die Hohen Tauern sucht wirklich seinesgleichen. Es ist also nicht verwunderlich, dass sich um diesen Ort verschiedene Legenden gebildet haben.**

**Strecke** Vom Parkplatz aus gehen wir geradeaus nach Norden in Richtung »Kranzhorn« und treten bald aus dem Wald heraus. Auf der Almstraße geht es an Almgebäuden vorbei. Nach dem letzten Haus schwenken wir an der Gabelung nach links (Wegweiser »Kranzhorn«), und der Weg wird nun etwas steiler. Wir kommen wieder in den Wald und danach auf die freien Flächen der Schindlaualm. An dieser wandern wir rechts vorbei und immer geradeaus auf den Waldrand zu. Hier wenden wir uns nach links und sehen bald nach der nächsten Kurve ein kleines Holzschild »Abkürzungsweg Kranzhorn«. Diesem folgen wir nach links und steigen anschließend steiler durch den Wald weiter bergan. Bald erreichen wir wieder freie Wiesen und kurz darauf die Kranzhornalm.

Rechts an dieser vorbei geht es über Stufen weiter bergan. An einem breiten, leicht bewaldeten Rücken wendet sich der Weg nach Süden, kommt an einer un-

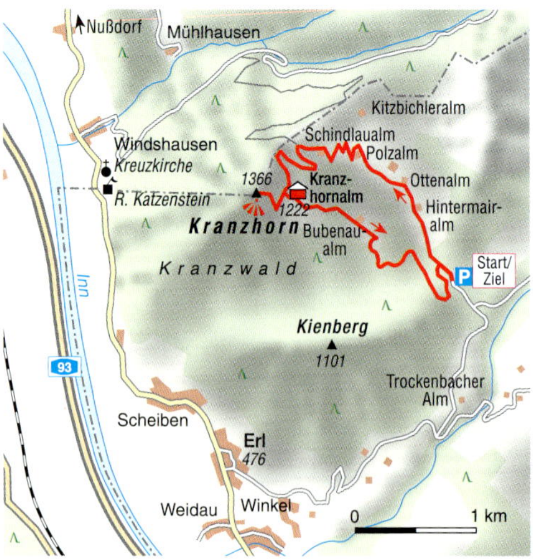

Die Wanderung auf das sagenumwobene Kranzhorn kann man noch gut im Spätherbst unternehmen.

terhalb des Weges liegenden Kapelle vorbei und führt zuletzt als schmaler Grat auf den einzigartig ausgesetzten Gipfel des Kranzhorns.

Für den Abstieg kehren wir zunächst zur Kranzhornalm zurück. Hier wenden wir uns von oben gesehen nach links, wandern an einem kleinen Weiher vorbei und folgen dem Schild »Zum Parkplatz/Fußweg«. Über zunächst schlechten Weg geht es die Wiesen nach Osten bergab. Wir kommen in den Wald, überqueren eine Forststraße und gelangen mit dem Schild »Nach Erl« zu einer weiteren Almfläche. Wir wandern an der Bubenaualm vorbei und eine Steinmauer entlang. Auf einem Fahrweg geht es kurz nach links. Wir können die erste große Schleife des Fahrweges abkürzen, indem wir rechts von ihm abzweigen. Wieder auf der Straße geht es in den Wald hinein. An der ersten Gabelung halten wir uns halblinks und kurz dahinter geradeaus. Bald darauf stoßen wir auf einen breiteren Forstweg, den wir bei einer Kurve wieder verlassen, indem wir geradeaus einen alten, schmalen Weg beschreiten. Noch einmal kreuzen wir die Forststraße, um sie schließlich wieder zu erreichen. Das letzte Stück legen wir auf dieser zurück. An einer Haarnadelkurve orientieren wir uns dem Fahrweg entsprechend nach links. Bald darauf haben wir den Ausgangspunkt wieder erreicht.

**Nach dem Wandern kann man zur Erholung und Erfrischung noch zum Baden fahren – da freuen sich die Kinder besonders! Der wunderschöne Walchsee (nicht zu verwechseln mit dem Walchensee) ist über Niederndorf problemlos und schnell zu erreichen.**

**TIPP**

# Sagen vom Kranzhorn

Früher kamen venezianische Händler ins bayerische Voralpenland, die mit Schmuckwaren, mit Gold und Silber handelten und sehr gewiefte Kaufleute waren. Man nannte sie einfach »Venediger«. Vor langer Zeit wurde in der Gegend zwischen Windshausen und Nußdorf ein Venediger gesehen, der sich auf den Weg zum Kranzhorn machte. Weit oben am Berg kam er an eine Quelle. Unter diese setzte er einen Topf, aber nicht so, dass das Quellwasser direkt in das Gefäß hineinfließen konnte, sondern er stellte es ein wenig abseits. Dann suchte er Tannen- und Fichtendaxen und legte diese Zweige so, dass das Wasser über sie hinweg in den Topf rinnen musste. Darauf verließ das Venedigermanndl den Berg und die Gegend.

Nach einem Jahr kam der Venediger wieder und stieg hinauf aufs Kranzhorn zu seinem Topf. Der war inzwischen voll Gold geworden. Sofort steckte er seinen Schatz in seine große Ledertasche und stellte dann den Topf wieder auf die gleiche Art unter die Quelle. Viele Jahre hintereinander kam der Venediger aufs Kranzhorn, um sein Gold abzuholen. In Windshausen sahen ihn die Leute immer durchwandern. Aber wo die Goldquelle ist, hat er keinem verraten.

Einmal hat eine alte Bäuerin von Windshausen ihre Kuh aufs Kranzhorn auf die Weide getrieben. Weil es ein recht heißer Tag war, ging sie zu einer Quelle, die sie in der Nähe wusste, und erfrischte sich. Eine kleine Weile setzte sie sich in den Schatten eines Felsvorsprungs. Dabei geriet ihr ihre Kuh außer Sicht. Sie stand auf, um nach dem Tier zu sehen, aber mittlerweile war dieses über Stock und Stein entschwunden.

Also musste die Alte suchen gehen. Dabei kam sie an einer engen Felsspalte vorüber, in die sie zufällig hineinschaute. Sie meinte, dort im Finstern etwas blinken zu sehen. Deshalb ging sie näher hin und da sah sie einen irdenen Topf stehen, in den langsam, aber stetig vom Fels herab Gold tropfte. Sogleich langte sie danach und wollte es an sich nehmen. Doch in dem Augenblick, da sie das Geschirr berührte, begann ringsum ein mächtiges Getöse, und es schien, als zitterte der ganze Berg. Voller Schreck rannte sie Hals über Kopf davon und war froh, als sie gleich darauf ihre Kuh friedlich grasend wiederfand.

Die Venediger mochten schon recht haben, wenn sie sagten: »Wenn ihr den Wert des Kranzhorns kennen würdet, so würdet ihr vor ihm den Hut ziehen.« Das beweisen auch folgende Geschichten: Zwei Kreuze stehen auf dem Doppelgipfel des Kranzhorns auf zwei benachbarten Felsspitzen. Das eine steht auf der bayerischen, das andere auf der Tiroler Seite des Berges. Darum heißt dieser Berg in Tirol nicht Kranzhorn, sondern Grenzhorn. Trotzdem wussten im vorigen Jahrhundert alte Leute noch davon zu berichten, dass man an manchen Abenden sehen kann, dass der hornförmige Gipfel von einer goldenen Kette oder einem goldenen Kranz umgeben war, weil tief im Berginneren der Bergfürst wohnt.

Einmal sah eine Almbäuerin neben dem bayerischen Gipfelkreuz eine Grube, die aussah wie ein offenes Grab. Nähertretend gewahrte sie, dass mehrere Stufen in die Tiefe hinabführten. Weil sie eine beherzte Person war, stieg sie hinunter und entdeckte am Boden der Grube einen Bund Birkenreisig. Als sie diesen beiseite schob, kam eine Menge kohlschwarzer Steine zum Vorschein. Diese kamen ihr so absonderlich vor, dass sie so viele davon mitnahm, wie sie in ihren Rock- und Jackentaschen unterbringen konnte. Daheim wollte sie den seltsamen Fund vorzeigen.

Zu Hause angekommen, ging sie sogleich in ihre Kammer, um die Steine dort erst einmal vor sich auszubreiten. Also griff sie in ihre Taschen, aber was sie daraus hervorholte, das waren keine schwarzen Steine mehr, sondern lauter Goldbrocken.

Unter dem Gipfel des Kranzhorns war früher auch eine Kapelle. Einmal kam eine Sennerin zu dieser Kapelle, und frommen Sinnes wollte sie eintreten. Doch auf der Türschwelle hockte eine gräuliche Kröte. Mit einem Fuß stieß die Almerin mit Abscheu das Tier weg vom Eingang. Aber gleich hüpfte das Heppei, wie man hierzulande Kröten auch nennt, wieder an seinen Platz und glotzte das Mädchen an. Wieder wollte dieses die Kröte auf gleiche Weise verjagen. Aber da plusterte sich dieselbe auf und bekam rundum Federn wie eine Henne. Erschreckt stieg die Sennerin über dieses seltsame Wesen hinweg und machte rasch die Kapellentüre auf. Doch vor ihr huschte die gefiederte Kröte ins Kirchlein. Vor dem Altar setzte sie sich auf ihre Hinterbeine und legte die Vorderpfoten kreuzweise wie bittend oder dankend übereinander. Bis sich die Almerin von ihrer Verwunderung erholt hatte, war das Tier spurlos verschwunden. Sicher hatte auf diese Weise eine arme, verfluchte Seele ihre Erlösung gefunden.

# 7

**SCHWIERIGKEIT** Anspruchsvoll.

**GEHZEIT** 5.30 Std.

**HÖHENDIFFERENZ** 1200 Hm.

**TOURENCHARAKTER** Landschaftlich abwechslungsreiche Bergtour zu äußerst aussichtsreichem Gipfel.

**AUSGANGS- UND ENDPUNKT** Parkplatz bei der Oswaldhütte.

**EINKEHR** Auf dem Anstiegsweg keine. Südlich des Gipfels liegt die Tölzer Hütte, offen von Mitte Mai bis Mitte Oktober. Von dort kann man ebenso ins Rißtal absteigen.

**KARTE** UK L30 »Karwendelgebirge« 1:50 000, Bayerisches Landesvermessungsamt.

**INFORMATION** Gästeinformation, Postfach, 83658 Lenggries, Tel. 080 42/501 80, Fax 080 42/50 18 10, E-Mail: Info@Lenggries.de, www.lenggries.de.

**ANFAHRT**

**AUTO** Von München über Lenggries zum Sylvensteinspeicher. Hier rechts nach Vorderriß und von dort weiter Richtung Hinterriß bis zum Parkplatz hinter der Oswaldhütte.

**BAHN** In der Hochsaison mit der BOB bis Lenggries und von dort weiter mit dem Bergsteigerbus Nr. 9569 in die Eng (www.rvo-bus.de). Bei der Oswaldhütte aussteigen.

# DER MÖNCH AM SCHAFREUTER

## Auf den vielleicht markantesten Aussichtsberg im Vorkarwendel

**Steht man am Sylvensteinspeicher, hebt sich der lange, wie mit einem Lineal gezogene Gipfelrücken des Schafreuters von den umliegenden bewaldeten Bergkuppen deutlich ab. Kein Wunder also, dass sich die Leute früher erzählten, dass dort oben einst ein böser Mann einen Wilden Ritt hingelegt hat!**

**Strecke** Vom Parkplatz aus geht man die Straße ein Stück zurück und wendet sich nach rechts (Schild »Moosenalm, Tölzer Hütte«). Hier beginnt ein schmaler Fußweg, der links des Baches auf freie Almwiesen führt. In vielen Kehren geht es in den lichten Wald hinein, wo sich der Weg gabelt. Ob man rechts (rot markiert und steiler) oder links (etwas länger, aber flacher) geht, ist egal, da sich die Wege später wieder treffen. Man wandert durch ein Gatter, das Gelände wird flacher. Über erste Felsplatten geht es parallel zu einem Bach weiter und durch hochstämmigen Wald zu einer Almwiese. Hier wendet man sich nach rechts zu einem schwach ausgeprägten Sattel, von wo man auch schon den Gipfelrücken des Schafreuters sieht.

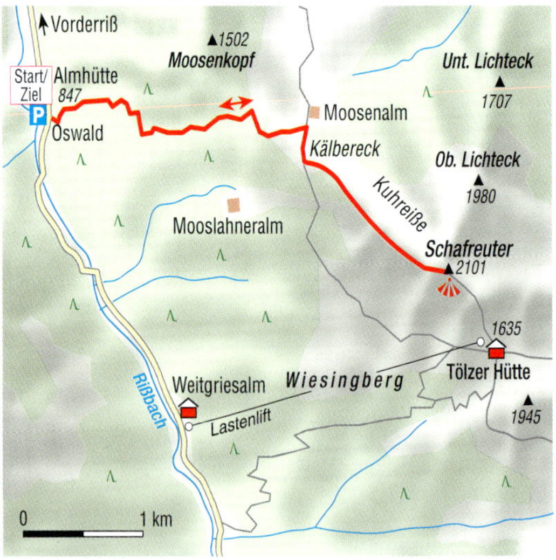

Der Schlussanstieg auf den Schafreuter verläuft über einen aussichtsreichen Rücken.

Es geht leicht bergab auf eine schöne Lichtung und über diese weiter in östliche Richtung zur Moosenalm. Kurz vor der Alm geht es nach rechts weg (Schild »Tölzer Hütte, Schafreuter«) und durch lichtes Latschengelände weiter bergan. Bald stößt man an einer Gabelung auf ein weiteres Schild. Hier wendet man sich nach links Richtung Schafreuter. Der Weg verläuft nun über dessen breiten Ostrücken. Zuerst in Latschengelände, dann über freie Wiesenhänge und schließlich über einen Wiesengrat erreicht man den Gipfel. Hier sollte man die Sage vorlesen. Zurück geht es auf dem Anstiegsweg.

**Wer eine Rundwanderung unternehmen möchte, kann über die Tölzer Hütte ins Rißtal zurückkehren. Man muss dann allerdings am Schluss entlang der Teerstraße zum Ausgangspunkt wandern.**

**TIPP**

# Der Mönch am Schafreuter

In uralten Zeiten lebte in dem einsamen Tal des Rißbachs ein altes Keltengeschlecht. Einer der Urahnen war, der römischen Knechtschaft überdrüssig, aus seiner Heimat ausgezogen und hatte sich die Bergeinsamkeit ausgesucht, um frei zu sein. Hier war er der unbestrittene König eines Gebietes, das er vor Eindringlingen zu schützen wusste. Die Jagd auf Hochwild und Bären war seine größte Freude. Knechte bewachten die wenigen Zugänge zum Tal und durften niemanden einlassen. Im Lauf der Zeit verwilderten seine Nachkommen immer mehr. Das Tal wurde von der Bevölkerung des Umlandes gemieden. Nur Vogelfreie und Flüchtlinge kamen ins Rißtal und leisteten dort Knechtsdienste.

Als die ersten Christen im Lande den Mönchen von dem Tal mit seinen verwilderten Bewohnern erzählten, fasste einer der Mönche den Plan, die Familie zum Christentum zu bekehren. Er scheute die Gefahren nicht und gelangte in die Behausung der Herren des Tales. Deren Ältester und eigentlicher Herr war ein rauher Geselle namens Bluthardt. Er ließ den Mönch gleich gefangen setzen und ihn Frondienste leisten. Den Glauben des Mönches machte er lächerlich und quälte den Armen bis zum Äußersten.

Der Ordensbruder aber ließ sich nicht beirren und flehte Gott um Hilfe an. Er leistete ein Gelübde, falls er die Freiheit wieder erlange, nicht ins friedliche Land zurückzukehren, ehe er nicht die ganze Sippe zum Christentum bekehrt habe. Nach fünf Jahren qualvoller Dienste und bitterer Verhöhnung gelang dem Mönch die Flucht. Er suchte sich auf dem Berg Schafreuter eine Höhle und bat Gott, er möge ihm helfen, sein begonnenes Werk zu Ende zu bringen.

Bluthardts Knechte fanden bald den Unterschlupf, und Bluthardt nahm sich vor, den Mönch in der Höhle verhungern zu lassen. Er ließ die Höhle von zehn Knechten umstellen. Immer wenn der Mönch versuchte, Wasser und Nahrung zu suchen, war er von Pfeilen umschwirrt und musste wieder in seine Höhle flüchten.

Als aber der Mönch nach Wochen noch nicht verhungert war, verlor Bluthardt die Geduld, da er seine Knechte für wichtige Räuberdienste brauchte. Er beschloss, den Kuttenträger in der Höhle aufzustöbern, an den Schwanz seines Pferdes zu binden und so lange über den Grat des Berges zu schleifen, bis nichts mehr von dem »Narren«, wie er ihn hieß, übrig wäre. Bluthardts Brüder verlachten diesen Gedanken und meinten, man könne überhaupt nicht über den Grat reiten und den Mönch könnten doch auch die Knechte erschlagen. Bluthardt ließ sich jedoch nicht abbringen und ritt auf den Berg, um den Mönch aus der Höhle zu holen. Als er aber über den Grat ritt, kam ein heftiges Gewitter mit riesigen Hagelkörnern. Blitz auf Blitz schlug nieder, und ehe sich Bluthardt versah, konnte sein Pferd weder vorwärts noch rückwärts. Ein gewaltiger Blitz erschlug den bösen Mann, so dass sein Leichnam direkt vor die Höhle des Mönches rollte.

Am anderen Morgen schien die Sonne hell und warm, und bald waren Schnee und Hagel geschmolzen. Von Reiter und Ross sah man nichts mehr; sie waren zu Fels erstarrt. Die Knechte eilten ins Tal und erzählten Bluthardts Brüdern das Unheil, und alle fürchteten nun die Strafe Gottes. Jetzt hielt der Mönch seine Zeit für gekommen, ging in die Behausung der Sippe und bekehrte Bluthardts Brüder. Diese ließen ein Kloster bauen und jeder ging in die Einsamkeit; nie mehr hat jemals einer vom anderen etwas gesehen und gehört. Die Reste des Klosters aber stehen noch heute.

# 8

**SCHWIERIGKEIT** Mittel.

**GEHZEIT** 6 Std.

**HÖHENDIFFERENZ** 950 Hm.

**TOURENCHARAKTER** Sehr abwechslungsreiche Wanderung vor beeindruckender Bergkulisse.

**AUSGANGS- UND ENDPUNKT**
Großparkplatz in der Eng.

**EINKEHR** Falkenhütte,
Tel. 052 45/245, bewirtschaftet von Anfang Juni bis Mitte Oktober.

**KARTE** L30 »Karwendelgebirge« 1:50 000, Bayerisches Landesvermessungsamt.

**INFORMATION**
Gästeinformation, Postfach,
83658 Lenggries,
Tel. 080 42/501 80,
Fax 080 42/50 18 10,
E-Mail: info@lenggries.de,
www.lenggries.de.
Oder in Österreich:
www.karwendel.org,
bzw. www.eng.at.

**ANFAHRT**
**AUTO** Auf der A8 bis Holzkirchen und weiter auf der B13 über Bad Tölz zum Sylvensteinspeicher und weiter ins Rißtal. Auf der Mautstraße bis zum Talschluss in der »Eng«.

**BAHN** In der Hochsaison mit der BOB bis Lenggries und von dort weiter mit dem Bergsteigerbus in die Eng, Nr. 9569 (www.rvo-bus.de).

# DER BERGGEIST SCHMUCK

## Von der Engalm zu den steilsten Felswänden des Karwendelgebirges

**Geologen machen Frostsprengung und Erosion dafür verantwortlich, wenn große Felsbrocken aus den Steilwänden der Alpen stürzen. Almhirten mit blühender Fantasie glaubten einst, dass Berggeister die Felsen in ihrer Wut herabwarfen. An den Nordwänden der Lalidererspitze wurde ein ganz spezieller Berggeist für die herabstürzenden Gesteinsmassen verantwortlich gemacht.**

**Strecke** Die Wanderung führt auf den aussichtsreichen Mahnkopf, der dem riesigen Felswall vorgelagert ist. Vom Parkplatz folgen wir einem breiten Weg in Richtung Engalmen. Hinter diesen geht es rechts hinauf zunächst über Wiesen, später durch einen schönen Bergmischwald. Auf dem guten Fußweg erreicht man nach Westen wandernd das Hohljoch. Auf dessen Westseite folgen wir ein kurzes Stück einem Fahrweg, den wir sogleich wieder links verlassen. In ungefähr gleicher Höhe quert ein schmaler Weg unter den beeindruckenden Lalidererwänden nach Westen zum gegenüberliegenden Spielissjoch. Dort stößt man schließlich auf einen weiteren Fahrweg und folgt diesem nach rechts hinauf zur Falkenhütte.

*Blick vom Mahnkopf auf die Lalidererwand, wo Berggeist Schmuck sein Unwesen treibt.*

Hier wenden wir uns nach Norden und umgehen das Ladizköpfl auf dessen Westseite. Man gelangt zu einem Wiesensattel, hinter dem der Gipfelanstieg zum Mahnkopf ansetzt. Der Weg ist zuerst recht steil und nicht besonders gut, führt zum Schluss aber wieder über einen Wiesenrücken auf den 2094 Meter hohen Aussichtsgipfel.

**Auf der wunderschön gelegenen Falkenhütte zu übernachten, ist ein unvergessliches Erlebnis – und vielleicht hören Sie ja nachts den Poltergeist. Wer kleinere Kinder dabei hat, kann so die Wanderung auf zwei gemütliche Tourentage aufteilen.**

**TIPP**

# Der Berggeist Schmuck

In alten Zeiten bargen die mächtigen Felsketten des Karwendelgebirges große Mengen an Salz und Erz. Durch den Bergbau gelangten die im Inntal gelegenen Orte Innsbruck, Hall und Schwaz zu großem Reichtum. Auch das kleine Dorf Brixlegg besaß einen einträglichen Stollen an der schroffen Südkette des Gebirges. Nun war der Vorarbeiter des Bergwerkes mit Namen Schmuck ein Geizhals und Raffzahn sondergleichen. Er beutete die Bergarbeiter zu seinem eigenen Profit aus. Nach Feierabend musste jeder Knappe, und sei er noch so erschöpft, noch zwei »Trücherl« für Schmuck abbauen. Trücherl war die damalige Raumeinheit für gewonnenes Erz. Auf diese Weise konnte der Bösewicht im Laufe der Jahre ein beachtliches Vermögen ansammeln. Wer murrte oder gar den Zwangsdienst verweigerte, dem wurde von Schmuck das den Arbeitern zustehende Essen verweigert.

Einen alten, armen Familienvater, der öfters seine Stimme gegen Schmucks Machenschaften erhob, schindete dieser besonders. Das ging so weit, dass der ausgemergelte Mann an der unzumutbaren Arbeit zu Grunde ging. Sterbend verfluchte der Bergknappe noch seinen Peiniger und forderte ihn vor Gottes Gericht. Keine zwei Wochen später starb Schmuck tatsächlich eines jähen, unerklärlichen Todes. Wie staunten die Knappen, als der Leichnam auf der Stelle rabenschwarz wurde! In Windeseile verscharrten sie den toten Körper, ohne dass ein Gottesdienst abgehalten werden konnte.

Schon bald nach Schmucks Tod tauchte der Geist des Verstorbenen an vielen Plätzen des Karwendelgebirges auf. Im Vomper Loch erschreckte er Wanderer und warf Steine auf sie. In den wildreichen Wäldern verscheuchte er den Jägern Hirsche und Rehe. Und auf vielen Almen trieb er das Weidevieh zu Felsabbrüchen, über die es zu Tode stürzte. Die verängstigten und geschädigten Bergbewohner wandten sich an den im Inntal berühmten Prälat von Fiecht. Dem Geistlichen gelang es, den bösen Geist in die senkrechten Felsabstürze der Lalidererwände zu bannen. Doch auch hier setzte Schmuck sein Unwesen fort. Tonnenweise schleuderte der verärgerte Geist Felstrümmer ins Tal, deren Größe von der eines Steines zu der eines Hauses reichte. Nach und nach musste sich das Vieh der Lalidersalm, das früher an den grünen Matten direkt unter der Felswand weidete, zum Talboden zurückziehen. Der Wandfuß ist jetzt über und über bedeckt mit meterhohen Felsbrocken und heißt daher »Laliderer Reisen« (tirolerisch für Steinhaufen).

Anfang des letzten Jahrhunderts wären zwei vorwitzige Hirten beinahe von Schmuck erschlagen worden. Als sie von der Legende über den Berggeist hörten, stellten sie sich keck vor die Wand und riefen: »Schmuck, Schmuck, hast´ no a Trücherl?« Augenblicklich erhob sich ein dumpfes Grollen, und Unmengen von Steinen prasselten auf die beiden herab. So schnell sie konnten, rannten sie vom Wandfuß weg und konnten in letzter Not die sichere Alm erreichen. Seitdem ist auf der Lalidersalm allen Hirten unter Androhung von sofortiger Entlassung jede Art von Rufen, Schreien und sogar von Jodeln verboten. Und keiner wagt seitdem mehr den Ruf: »Schmuck! Schmuck! Hast' no a Trücherl?«

9

**SCHWIERIGKEIT** Mittel bis schwer (siehe Tipp).

**GEHZEIT** 3 Std.

**HÖHENDIFFERENZ** 300 Hm.

**TOURENCHARAKTER** Sehr aussichtsreiche Bergtour, die etwas Trittsicherheit erfordert. Für den Gipfel der Brandjochspitze (siehe Tipp) ist zudem Schwindelfreiheit erforderlich.

**AUSGANGS- UND ENDPUNKT** Bergstation Seegrube der Nordkettenbahn.

**EINKEHR** Hotel Seegrube, ganzjährig bewirtschaftet, Tel. 00 43/512/29 33 75.

**KARTE** Alpenvereinskarte 31/5, »Innsbruck und Umgebung« 1:50 000.

**INFORMATION** Innsbruck Tourismus, Burggraben 3, A-6021 Innsbruck, Tel. 00 43/512/598 50, Fax 00 43/512/59 85 01 07, E-Mail: office@innsbruck.info www.innsbruck.info

**ANFAHRT**

**AUTO** Über Garmisch und Seefeld ins Inntal. Dort nicht auf die Autobahn, sondern nördlich des Inns über Hötting zur am Fuß der Nordkette gelegenen Hungerburg.

**BAHN** Direktzug von München Hauptbahnhof nach Innsbruck Hauptbahnhof, von hier zu Fuß zur nahen Museumsstraße und mit der Buslinie J zur Nordkettenbahn.

# FRAU HITT

## Zu einem bizarren Felszacken hoch über Innsbruck

**Nichts regte die Phantasie der Älpler mehr an als bizarre Felsformationen. Ob Hexen, Teufel oder Drachen – alle möglichen Fabelwesen konnte man in ihnen deuten. Hoch über Innsbruck verbirgt sich hinter solch einer Kalkskulptur eine zur Strafe versteinerte, hartherzige Frau.**

**Strecke** Die Tour beginnt mit einer bequemen Seilbahnfahrt. Doch im weiteren Verlauf der Wanderung ist Trittsicherheit gefragt. Zur Belohnung kommt man direkt an der Felsformation der versteinerten Frau Hitt vorbei und genießt zudem eine einzigartige Aussicht auf das Inntal und den Alpenhauptkamm. Von der Bergstation folgt man einem Fahrweg zu einer Kuppe, an der ein Obelisk steht. Hier geht es auf markiertem Weg nach Westen, bis man an der ersten Abzweigung dem Schild »Frau Hitt Sattel« nach rechts folgt. An der nächsten Abzweigung folgt man nicht rechts dem Wegweiser zum »Langen Sattel«, sondern geht geradeaus weiter. Man erreicht eine leicht ausgesetzte Passage, die in den Kessel unterhalb des Frau-Hitt-Sattels führt. An dessen rechter Seite geht es nun steil hinauf über den »Schmidthubersteig« zum Sattel.

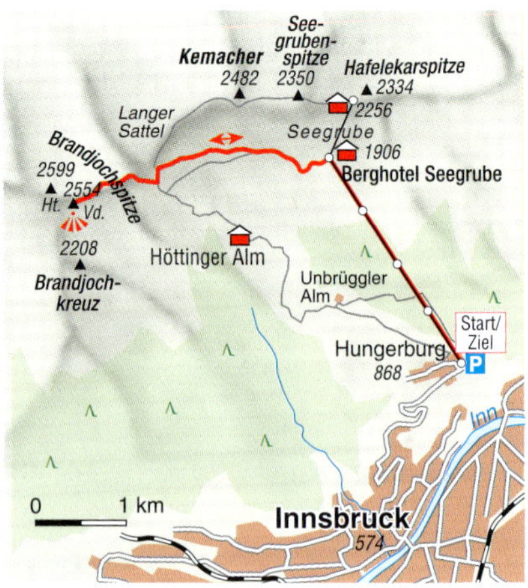


Man kommt an eine Gabelung und folgt dem linken Weg. Kurz hinter einem Schild »Trittsicherheit erforderlich« erreicht man einen schmalen Wiesengrat, wo sich eine Pause anbietet. Hier

*Für immer blickt die versteinerte Frau Hitt auf Innsbruck hinab.*

**Den Gipfel der Brandjochspitze kann man vom Hitt-Sattel über einen leichten Klettersteig in ca. einer Stunde erreichen. Man folgt dem markierten Weg nach Westen. Sobald das Gelände felsig wird, leiten rote Punkte und Drahtseile zum höchsten Punkt. Trittsicherheit und Schwindelfreiheit erforderlich.**
**Nur bei sicheren Wetterverhältnissen!**

**TIPP**

ist der ideale Ort, um die Sage vorzulesen, denn man hat einen schönen Blick auf den Felszapfen der Frau Hitt. Zurück geht es auf demselben Weg. Von der Seegrube kann man auch zu Fuß ins Inntal absteigen.

# Frau Hitt

Der südlichste Gebirgszug des Karwendel – ein schroffer, zerklüfteter Felsgrat – ragt 2000 Meter über dem Inntal in den Tiroler Himmel. In uralten Zeiten wuchsen in dieser Gesteinswüste dichte Wälder. Satte, grüne Almen reichten hinauf bis in höchste Höhen. Auf Grund der sonnigen Lage ernteten die Bewohner goldenes Korn, süßen Wein und saftiges Obst. Die Bergdörfer waren zwar nicht sonderlich reich, doch jeder Hof hatte sein Auskommen. Nur auf einem breiten Hügel stand ein äußerst prächtiges Schloss, das mit seinen Mauern aus Marmor und seinen goldenen Dächern das gesamte Tal überstrahlte. Frau Hitt hieß die Burgherrin, sie stammte aus dem Geschlecht der Riesen. Ihre Seele war von Geiz zerfressen, ihr Herz hart wie Stein. Dienstboten und Mägde zitterten vor der Fürstin, weil sie jede Kleinigkeit mit drakonischen Strafen ahndete. Auch die Talbewohner fürchteten die Herrscherin, und so wurde Frau Hitt trotz ihrer Schönheit und ihres Reichtums von allen gemieden. Abends saß sie mit ihrem einzigen Sohn im Thronsaal und verprasste mit unbotmäßiger Gleichgültigkeit die mühevoll geernteten Gaben des Herrn. Einmal die Woche machte sie einen gefürchteten Kontrollritt über ihre Ländereien.

Bei solch einem Ausritt trat hinter einem Bergrücken plötzlich eine ausgemergelte Bettlerin mit ihrem kranken Kind auf die Fürstin zu. Die arme Frau warf sich auf die Knie, hob das Kind empor und bat mit herzerweichenden Worten um ein Stück Brot. »Was stiehlst du mir meine kostbare Zeit, du lästiges Weibsbild?« rief die zornige Frau Hitt und wollte schon ihrem Pferd die Sporen geben. Da besann sie sich plötzlich anders. Sie sprang vom Pferd, brach einen Stein aus einem Felsen und reichte ihn mit einem höhnischen, verzerrten Lachen der Bettlerin.

Da richtete sich die vorher verängstigte Frau mit einem sonderbaren Blitzen in den Augen auf. Die Demut war einer wilden Entschlossenheit gewichen. Mit starker Stimme rief sie: »Wehe dir, du stolze Fürstin! Steine gabst du mir statt Brot. Möge der Himmel dich zu Stein verwandeln!« Der Fluch beunruhigte Frau Hitt nicht im geringsten. Laut lachend gab sie ihrem Ross endlich die Sporen und lies die Arme in einer dicken Staubwolke zurück. Im Schloss zurückgekehrt, traf sie ihren verdreckten Sohn an, der beim Spielen im Wald in einen Bach gefallen war. Die erzürnte Mutter gebot einer Dienerin, ihren Knaben mit dem Brot zu reinigen, das sie der Bettlerin verweigert hatte. Da begann plötzlich der Untergrund zu zittern, und aus dem Gebirge ertönte ein dumpfes Grollen.

Die entsetzte Dienerin bat ihre Herrin flehend, von dem frevelhaften Befehl Abstand zu nehmen. Doch diese riss das Brot an sich und fing an, den Dreck mit dem Laib Brot abzureiben. Damit war das Sündenmaß der Fürstin endgültig voll! Ein fürchterliches Strafgericht begann. Schwarze Wolken machten den Tag zur Nacht, ein orkanartiger Wind kam auf. Vom Gebirge donnerten riesige Felstrümmer herab und begruben gänzlich das prächtige Schloss. Auf dem Grat der Nordkette erschien aber die versteinerte Frau Hitt auf ihrem Pferd – allen hartherzigen Menschen ein Mahnmal für ewige Zeiten. Seit diesem Tag sind die vormals weichen und grünen Bergflanken der Nordkette verschwunden, und an ihrer Stelle ragen starre kahle Felswände gen Himmel.

**… tiefe Bergseen, verwunschene Almen
überall dort spielten sich**

und bizarre Gipfel –
uralte Legenden ab.

## 10

**SCHWIERIGKEIT** Leicht.

**GEHZEIT** 2.30 Std.

**HÖHENDIFFERENZ** Ca. 80 Hm.

**TOURENCHARAKTER** Abwechslungsreiche Rundwanderung. Erst auf schmalen Serpentinen, dann auf einem Steg über der Klamm und zuletzt auf Forstwegen.

**AUSGANGS- UND ENDPUNKT**
Isarbrücke an der Innsbrucker Straße (wenig südlich von der Abzweigung der Leutascher Straße).

**EINKEHR** Gasthaus Gletscherschliff, Dienstag Ruhetag.

**KARTE** UK L31 »Werdenfelser Land« 1:50 000, Bayerisches Landesvermessungsamt.

**INFORMATION**
Tourist-Information Mittenwald,
Dammkarstr. 3,
82481 Mittenwald,
Tel. 088 23/339 81,
Fax 088 23/27 01,
E-Mail:
touristinfo@markt-mittenwald.de.

**ANFAHRT**
**AUTO** Über die A95 nach Garmisch-Partenkirchen und weiter auf der B2 bis nach Mittenwald. Am besten fährt man an dem Ort vorbei und zweigt erst bei der Ausfahrt »Mittenwald Süd« von der Hauptstraße ab. Nun in den Ort hinein und bei der zweiten, über die Isar führenden Brücke an der Innsbrucker Straße parken.

**BAHN** Von München direkt nach Mittenwald. Vom Bahnhof in ca. 15 Minuten über Bahnhof-, Karwendel- und Innsbrucker Straße zu Fuß zum Ausgangspunkt.

# DIE LEUTASCHER GEISTERKLAMM

## Klammwanderung auf informativem Naturlehrpfad

**Gegenüber der berühmten Höllental- und Partnachklamm lag die Leutascher Klamm gewissermaßen im Dornröschenschlaf. Bis hier 2006 ein Steg mit einer Länge von 800 Metern eröffnet wurde. Gute Infotafeln berichten von der (nach)eiszeitlichen Entstehung der Klamm, über das Leben im und rund um das Wasser und von einem Klammgeist, den die Einheimischen hier vermuten.**

**Strecke** Bei der Isarbrücke folgen wir dem Schild »Leutaschklamm«. Entlang eines Kanals geht es nun auf breitem Weg nach Süden. Bald kann man dem Wegweiser »Fußweg Leutaschklamm« folgend auf einem schmaleren Weg oberhalb im Wald weitergehen. Wir kommen zu einem Kiosk, der am Ende der Leutaschklamm steht. Hier befindet sich eine Übersichtstafel mit den drei vorgeschlagenen Klammwegen. Meiner Meinung nach ist es am besten, die lange Rundwanderung gegen den Uhrzeigersinn zu unternehmen. Denn erstens kommen so ungeduldige Kids schnell zur Klamm und außerdem liegt die Einkehrmöglichkeit im »Gasthof Gletscherschliff« am Ende der Tour. Direkt vor dem Kiosk stehend wendet man sich nach rechts und steigt Serpentinen im Bergwald bergan. In jeder Kehre erzählt ein sogenanntes »Eiszeit-Tagebuch« über die wichtigsten Stadien der Vergletscherung.

Sobald es flacher wird, kommen Informationstafeln zu den Themen Bergmischwald und über die Geschichte der schon bei den Römern bedeutenden »Porta Claudia« hinzu. Man

*Eindrucksvolle Natur und informative Stationen machen den Reiz dieser Wanderung aus.*

bleibt immer auf dem deutlichen Weg und steigt dann über eine Treppe zur Panoramabrücke über die Klamm hinab. Auf derselben Klammseite gehen wir auf einem Steg hoch über der Leutaschklamm weiter. Dort wo der Steg über eine zweite Brücke auf die andere Seite hinüberwechselt, kann man einen Abstecher zur Höllkapelle unternehmen. Immer dem Steg folgend gelangt man zum Ende des Klammweges, wo man sich an einer Bank die Sage gut vorlesen kann. Phantasievolle Infotafeln zu den Themen Wasser, versteckte Klammgeister, Lichtreflexionen und eine Feenharve sind einige der ideenreichen Ausstattungen dieses Teils der Rundwanderung.

Der Weg führt nun ansteigend von der Klamm weg und stößt auf einen breiten Forstweg. Hier geht man nach links in Richtung »Gasthof Gletscherschliff«. Immer dem breiten Weg folgend kommen wir an weiteren Naturerfahrungs-Stationen vorbei. Bei der Abzweigung zur Panoramabrücke geht es weiter geradeaus, und bald erreichen wir den Gasthof Gletscherschliff. Hier folgt man nach rechts einem breiten Fahrweg, der zuletzt zum Ausgangspunkt zurückführt. (Auf dem letzten Stück wird auf einigen Tafeln die Sage vom Klammgeist in einer längeren Version erzählt.)

**Zusätzlich zum Rundweg lohnt sich noch der alte Fußweg in die Klamm selbst. Ein nur drei Meter über dem Wasser erbauter Steig führt zu dem gewaltigen, 23 Meter hohen Wasserfall.**
**Eintritt: 1,60 Euro Erwachsene, 0,80 Euro Kinder.**

**TIPP**

# Die Leutascher Geisterklamm

Vor etwa zwanzigtausend Jahren bedeckten riesige Gletscherströme die Täler und Pässe im gesamten Alpenraum. Auch in der Gegend rund um Mittenwald ragten nur die höchsten Bergspitzen und Kalkwände aus dem riesigen Eismeer heraus. Dort oben lebte ein lustiger Berggeist, der auf den scharfen Graten herumtanzte und von einem spitzen Gipfel zum nächsten sprang. Außer dem Geist lebten dort zu dieser Zeit auch finstere Bergdämonen und liebliche Elfen. Diese liebten, wie auch unser Berggeist, alle Blumen sehr. Doch sie konnten nur wenige Pflanzen in den eisigen Höhen finden. Nur der robuste Silberwurz trotzte auch den eisigen Winden und war deshalb die Lieblingspflanze des Berggeistes. Zusammen mit den Elfen schmückte der Geist die Berggipfel mit allen Pflanzen, die die Eiszeit gut überstanden. Dennoch war der Geist sehr traurig, dass nirgendwo grüne Weiden oder bunte Blumenwiesen die Berghänge verschönten.

Doch mit der Zeit bemerkte der geduldige Geist, dass die mächtigen Gletscher merklich dünner wurden. Immer tiefere Gipfel und Bergrücken tauchten da auf einmal aus den kalten Eisströmen auf. Die Elfen führten an den eisfreien Hängen wahre Freudentänze auf. Immer mehr Eis zerschmolz zu Wasser, das sich in reißenden Strömen ins Alpenvorland ergoss. Staunend stand der Geist vor den gurgelnden Fluten. Erst zögerte er, doch dann sprang er in kalte Nass und ließ sich von den Wellen flussabwärts tragen. In Wasserwalzen vollführte er richtige Loopings und schoss dann wie ein pfeilschneller Fisch wieder talaufwärts. Unser Berggeist wurde beinahe zu einem richtigen Wassergeist.

Als das Eis ganz verschwunden war, dauerte es nicht lange, und die Täler wurden grüner und grüner. Zusammen mit den Elfen holte der Geist den Silberwurz und die anderen Eiszeitblumen von den Gipfeln und schüttete die bunte Pracht über die Flußauen aus.

Eines Tages machte er eine ganz besondere Entdeckung. An einem Berghang schoss ein sprudelnder, zwischen steilen Felswänden eingeengter Bach auf den weiten Talboden hinaus. Der mutige Wicht folgte dem reißenden Wasser und entdeckte tosende Wasserfälle und geheimnisvolle Gumpen. Bald wurde die Klamm so eng, dass er kaum noch hindurchkam, dafür aber von der einen auf die andere Seite der Klammwände hüpfen konnte. Das war der reinste Spielplatz für den übermütigen Kobold, und die Klamm wurde sein neues Zuhause. Erst nach vielen Jahren schaute der frühere Berggeist, der fortan Klammgeist genannt werden wollte, einmal wieder aus der Klamm hinaus. Wie staunte er, als er im Talboden auf einmal Menschen erblickte. Doch diese waren ihm alles andere als wohl gesonnen. Als sie den Klammgeist erblickten, warfen sie Steine nach ihm und wollten ihn verjagen. Stocksauer über die Undankbarkeit der Menschen – denn immerhin hatte der Klammgeist ja die Blumen aus den Bergen ins Tal geholt – zog er sich in seine geliebte Klamm zurück.

Immer wieder versuchten Menschen seither auf der Suche nach dem sagenhaften Geist in die gefährliche Klamm vorzudringen. Doch sie alle verschwanden auf geheimnisvolle Weise. Einige wenige Male soll man den Klammgeist aber unweit von Mittenwald gesehen haben. Des Nachts schwebte er über die Felder und hat das taufeuchte Gras des Morgens mit sprühenden Goldfunken überzogen. Fußabdrücke konnte man jedoch keine finden. Nur Gras, das wie Gold glänzte. Doch als die Menschen es berührten oder gar aufheben wollten, zerfiel es zu Asche.

# 11

**SCHWIERIGKEIT** Leicht.

**GEHZEIT** 3.30 Std.

**HÖHENDIFFERENZ** 300 Hm.

**TOURENCHARAKTER** Spektakuläre Klammwanderung auf gut angelegten Wegen. Ein steilerer, aber nicht allzu langer Anstieg ist zur Partnachalm zu bewältigen.

**AUSGANGS- UND ENDPUNKT**
Olympisches Skistadion in Garmisch-Partenkirchen.

**EINKEHR** Partnachalm, Tel. 088 21/26 15, Donnerstag Ruhetag.

**KARTE** UK L31 »Werdenfelser Land« 1:50 000, Bayerisches Landesvermessungsamt.

**INFORMATION**
Garmisch-Partenkirchen-Tourismus, Richard-Strauss-Platz 1a, 82467 Garmisch-Partenkirchen, Tel. 088 21/18 07 00, Fax 088 21/18 07 55, E-Mail: tourist-info@gapa.de.

**ANFAHRT**
**AUTO** Auf der A95 nach Garmisch-Partenkirchen und Richtung Mittenwald. Vor dem Ortsende rechts abbiegen zum Parkplatz am Skistadion.

**BAHN** Von München stündlich nach Garmisch Hauptbahnhof. Mit den Buslinien 1 und 2 zum Skistadion.

# DAS WETTERSTEINER MANDL

## Beeindruckende Klammwanderung zu Füßen des Wettersteingebirges

**Die im Gebirge plötzlich auftretenden Wetterstürze schob man in früheren Zeiten sogenannten Wetterhexen in die Schuhe. Wie folgende Sage zu berichten weiß, ist eine besonders hinterhältige Hexe daran schuld, dass die Partnach kurz vor ihrem Eintritt in die Klamm ihre Wasserfarbe wechselt.**

**Strecke** Man geht am Skistadion rechts vorbei und folgt der Teerstraße entlang der Partnach nach Süden. An einer Gabelung halten wir uns links, kommen am Gasthaus Wildenau vorbei und erreichen den Eingang zur Partnachklamm (Eintritt 2 Euro). In der Klamm führt ein beeindruckender, in den Fels gesprengter Weg entlang der sprudelnden Fluten in das Wettersteingebirge hinein. Die Klamm ist ca. 700 Meter lang, ihre Wände steigen bis zu 80 Meter empor. Hinter der Klamm verläuft der Weg ein weiteres Stück parallel zum Bach, einen Abzweiger links zu »Graseck und Eckbauer« ignoriert man. Nachdem der Weg kurz etwas angestiegen ist, geht es wieder hinunter zum Bachbett südlich der Partnachklamm.

Hier folgt man den zwei Brücken, die über die Partnach führen. Das ist der Ort, um die Sage vorzulesen. Auf der gegenüberliegenden Flussseite führt ein Fußweg in vielen steilen Kehren im Bergwald hinauf. Dort wo es flacher wird, wendet sich der Weg nach links und

Von der wechselnden Wasserfarbe der Partnach ...

... handelt diese Sage.

bald darauf wieder nach Norden. Man kommt an eine Weggabelung und geht hier nach links hinauf zur Partnachalm. Von dort aus wandern wir auf der Almstraße wieder hinunter zum Ausgangspunkt.

**Besonders reizvoll ist die Partnachklamm im Winter, wenn bizarre Eisformationen an den Klammwänden aufragen. Und mit festem Schuhwerk und der richtigen Kleidung wird die Wanderung für Jung und Alt ein Superspaß.**

**TIPP**

# Das Wettersteiner Mandl

Bei schönstem Sonnenschein war der Hias zu einer Wanderung ins Reintal aufgebrochen. Doch als er den Ausgang der Partnachklamm erreicht hatte, war das Wetter plötzlich umgeschlagen. Schon donnerte und blitzte es. Als heftige Regengüsse einsetzten, suchte der Knabe unter einem Felsen am Rande der Partnach Schutz. Da schlug ein Blitz direkt oberhalb des Hias ein, und der Junge stürzte vor Schreck in die tosenden Fluten. Es war ihm, als hätte er ein höhnisches Lachen gehört. Er war schon so gut wie verloren, da fühlte er, wie ihn eine kräftige Hand aus dem Wasser zog. Hias glaubte zu träumen und rieb sich die Augen. Denn sein Retter war ein uralter, wohl aber bärenstarker Mann. Der Alte musterte den Hias und begann mit grimmiger Stimme: »Jetzt hast aber Glück gehabt, mein Lieber! Eine Sekunde später und dein junges Leben wäre dahin gewesen!« Er nahm den schlotternden Bub an der Hand und führte ihn zu seiner versteckten Hütte. Das Gewitter tobte immer noch und so polterte der Retter los: »Dass die damische Wetterhex´ dös nia net lass´n kann! Hab mir gleich gedacht, dass sie was anstellt, als ich ihr höhnisches Lachen g´hört hab.« Der Mann riss die Tür auf und schrie zu den Felsen hinauf: »Du damische Hex´ du, untersteh´ dich noch einmal!« Da war es dem Hias, als ob er oben am Grat wirklich eine Hexengestalt entdeckte, die gerade einen grellen Blitz herabschleuderte.

Langsam verzog sich das Unwetter, und der Alte nahm den Hias an der Hand. »Des is´ doch wieder genau die gleiche Stell´«, murmelte er vor sich hin. »Ui schau«, rief der erstaunte Bub. »Da vorn ist die Partnach noch klar und kurz dahinter fließt sie grün!« »Genau, mein Kleiner«, brummte der Alte: »Vor einigen Jahren fand ich im Gebirg´ eine feine Farbe, die man in Italien zum Einfärben der Fürstengewänder benutzt. Sie war so rein, dass ich gleich ein ganzes Holzfass davon voll machte und es in Venedig verkaufen wollte. Auf dem Weg zum Kaufmannszug in Garmisch musste ich über die Partnach, genau an der Stelle, wo du heute reingefallen bist. Unterwegs braute sich ein Unwetter zusammen und ich wusste schon, wer wieder dahinter steckte. Deswegen rief ich zum Himmel: ›Geh´ weiter, Wetterhex´, laß es doch net gar so krachen. Siehst net, das ich ein ganzes Fass voll wertvoller Farb´ auf´m Buckl hab?‹ Das spornte die Hexe erst recht an. Sie ließ die Partnach steigen und als ich genau auf dem Steg war, schleuderte sie einen Blitz runter, der mich in die Fluten stieß. Ich konnte mich gerade noch vor dem Beginn der Klamm retten. Aber die kostbare Farbe war verloren. Als ich zu der Stelle zurückkam, merkte ich, dass der Fluss von da an ein grünes Aussehen hatte, und so wird es auch immer bleiben.« Versonnen starrte der seltsame Kauz in Erinnerung an »die gute Farbe« ins Wasser, das sich in hellen, grünen Wellen kräuselte. Dann stampfte er auf den Boden und rief: »Aber heut´ hab´ ich dich aus´gschmiert,

du damische Wetterhex´. Den Bub hast nicht ins Unglück gestürzt!« Und zum Hias sagte er: »Gell da schaust, was so alles los ist im Wetterstein. Glück hast´ halt gehabt, weil dich der Wettersteinmann entdeckt hat. Denn gesehen hat mich außer dir noch keiner!« Sprach´s und verschwand im Wald.

Dem Hias fiel ein, dass seine Oma einmal vom Wettersteinmann erzählt hatte. »Die werden Augen machen, wenn ich daheim erzähl´, dass ich dem Wettersteinmann begegnet bin«, lachte der Hias und machte sich vergnügt auf den Heimweg. Auf seinem Rückweg durch die Partnachklamm lauerte ihm keine böse Wetterhexe mehr auf. Und so erreichte er wohlbehalten das elterliche Haus. Doch das Geheimnis vom Wettersteiner Mandl behielt der Hias für sich.

# 12

**SCHWIERIGKEIT** Anspruchsvoll.

**GEHZEIT** 7 Std.

**HÖHENDIFFERENZ** 1100 Hm.

**TOURENCHARAKTER** Landschaftlich sehr abwechslungsreiche Wanderung auf guten Bergwegen. Der Alternativabstieg über das Oberreintal erfordert Trittsicherheit.

**AUSGANGS- UND ENDPUNKT** Olympisches Skistadion in Garmisch-Partenkirchen.

**EINKEHR** Schachenhaus, Tel. 088 21/29 96, Anfang Juni bis Anfang Oktober, an Wochenenden vorher reservieren.

**KARTE** UK L31 »Werdenfelser Land« 1:50 000, Bayerisches Landesvermessungsamt.

**INFORMATION** Garmisch-Partenkirchen-Tourismus, Richard-Strauss-Platz 1a, 82467 Garmisch-Partenkirchen, Tel. 088 21/18 07 00, Fax 088 21/18 07 55, E-Mail: tourist-info@gapa.de.

**ANFAHRT**
**AUTO** Auf der A95 nach Garmisch-Partenkirchen und Richtung Mittenwald. Vor dem Ortsende rechts abbiegen zum Parkplatz am Skistadion.

**BAHN** Von München stündlich nach Garmisch Hauptbahnhof. Mit den Buslinien 1 und 2 zum Skistadion.

# DER SCHACHENGEIST

## Zu einem der schönsten Plätze im gesamten Wettersteingebirge

**Der Schachen hat neben einer grandiosen Aussicht und einer alten Sage noch zwei weitere Highlights zu bieten. König Ludwig II. war vom Schachen so begeistert, dass er sich hier ein schönes Jagdschloss erbauen ließ. Dieses und den benachbarten Botanischen Alpengarten sollte man unbedingt besichtigen. Am besten man übernachtet am Schachenhaus und liest sich die Sage in der Abenddämmerung vor.**

**Strecke** Man folgt der Teerstraße der Partnach entlang nach Süden. An der Gabelung hält man sich links, kommt am Gasthaus Wildenau vorbei und erreicht den Eingang zur Partnachklamm. Hinter der Klamm überqueren wir den Bach auf einer Brücke und folgen sogleich einem Holzschild, dass nach links auf den Weg zum »Schachen« hinweist. Man überquert einen Fahrweg und steigt auf dem »Kälbersteig« in südlicher Richtung bergan. Zweimal trifft man auf einen Fahrweg, dem man je-

Blick vom Schachen zur Alpspitze, wo die Wetterhexen wieder einmal was zusammenbrauen.

weils nur ein Stück folgt. Beim ersten Mal verlassen wir ihn, indem wir geradeaus gehen, beim zweiten Mal halten wir uns an einer Biegung halblinks. Noch einmal überquert unser Fußweg den Fahrweg, bevor es steiler bergauf geht. Bald trifft man den »Schachenweg«. Diesem folgen wir bis zum Schachenhaus, das den Schauplatz der Sage darstellt. Der Abstieg erfolgt entweder auf gleichem Weg, oder man wählt folgende Variante: Hinter dem Jagdschloss orientiert man sich nach rechts entsprechend dem Wegweiser zum Oberreintal. Der Weg führt nun steil in südwestlicher Richtung hinab. Unten angekommen wendet man sich nach rechts (Norden) und steigt noch einmal steil in das Haupttal hinunter. Hier führt der Fußweg zuerst direkt am Bach, dann etwas oberhalb von ihm nach Norden. Schließlich trifft der Pfad auf einen Fahrweg, dem man nun bis zur Partnachklamm folgt. Von hier auf bekanntem Weg zurück.

**Nicht nur, wenn man Kinder dabei hat, sollte man die Tour auf zwei Tage aufteilen und am Schachenhaus übernachten.**

**TIPP**

# Der Schachengeist

An einem Sommerabend saß ein Hirte mit Namen Sepp vor seiner Hütte am Schachen und spielte auf seiner Zither. Flink tanzten seine Finger über die Saiten und wie zum Dank grüßte die gegenüberliegende Alpspitze im schönsten Abendrot zu ihm hinüber. Plötzlich hörte Sepp schwere Männerschritte näher kommen. Eine in einen schwarzen Mantel gehüllte Gestalt kam direkt auf die Hütte zu. Eine eisige Kälte ging von der unheimlichen Erscheinung aus. Das Gesicht ähnelte mehr einem Totenkopf als einem Menschen aus Fleisch und Blut.

Trotz seiner Furcht nahm sich der Sepp zusammen und fragte ganz höflich, was der Unbekannte denn begehre. Dieser begann mit krächzender Stimme: »Bursche, du bist meine letzte Rettung. Du musst mich erlösen. Einst beging ich eine große Schandtat, doch frage bitte nicht danach. Jetzt muss ich zur Strafe auf ewig in den kalten Bergen des Wettersteins umherirren. Viele Menschen habe ich auf Knien angefleht, doch noch keiner hat mich erhört!« Da fiel dem gutmütigen Sepp die alte Sage vom Schachengeist ein. Der Untote fuhr fort: »Hör zu, Bursche. Du musst mir um Mitternacht eine heilige Messe in St. Antonius zu Partenkirchen lesen, und schon wäre ich erlöst. Aber Vorsicht! Auf dem Abstieg wird der Teufel dir auflauern. Heiße Flammen und giftige Dämpfe wird er dir schicken. Sei aber unbeirrt. Denke fest an Gott. Dann wird dir kein Haar gekrümmt.«

Den guten Sepp überfiel heftiges Mitleid, als er den flehenden Schachengeist vor sich sah. Er fasste sich ein Herz und macht sich in der Dämmerung auf den gefährlichen Weg ins Tal. Es kam, wie der Geist vorhergesagt hatte. Tödliche Dämpfe drohten ihn zu ersticken und beinahe wäre er, den Flammen ausweichend, in die tosende Partnach gestürzt. Immer wieder wollte der Hirte umkehren. Doch der Sepp klammerte sich fest an seinen Glauben und kam so zwar langsam, aber wohlbehalten in Partenkirchen an. Vollkommen erschöpft schlich er heimlich in die Kirche und las Schlag zwölf eine heilige Messe. In der Morgendämmerung machte er sich auf den beschwerlichen Rückweg.

Als er seine Hütte erreichte, sehnte er sich nach nichts mehr als nach einem ausgiebigen Schlaf. Zuvor wollte er aber wissen, ob seine gute Tat etwas genutzt hatte. Laut rief er nach dem Schachengeist. Der ließ sich weder hören noch sehen. Sepp war unsicher. War der Geist nun erlöst oder war alles umsonst gewesen? Grübelnd öffnete Sepp die knarrende Hüttentür. Und siehe da! Eine schneeweiße Taube flatterte ihm entgegen und aus der Tür hinaus. Das war der endlich erlöste Schachengeist. Als sich der müde Hirte aufs Bett legte, spürte er etwas Hartes unter seinem Rücken. Unter ihm lag ein Leinensäckchen – prall gefüllt mit glitzernden Goldmünzen. So wurde der Sepp für seinen Mut reichlich entlohnt und er fiel rundum glücklich in einen tiefen, tiefen Schlaf.

13

# DAS UNTIER IM DRACHENSEE

## Einzigartige Seenwandertour in den Mieminger Bergen

**Oberhalb von Ehrwald ragen die steilen Kalkwände der Mieminger Gruppe in den Himmel. In diesem Amphitheater liegt der sagenumwobene Drachensee. Früher, als man noch nichts über Eiszeiten und die Kraft der Gletscher wusste, erklärte man sich die Entstehung eines Karsees mit einer Sage. Und wie so oft spielen undankbare Bergbewohner dabei eine entscheidende Rolle.**

**Strecke** Die vorgestellte Bergwanderung führt direkt zu dem verwunschenen See, an dem die schöne Coburger Hütte liegt. Sitzt man bei einem aufkommenden Gewitter am Seeufer, versteht man, warum die Bergbewohner in früheren Zeiten einen wilden Drachen für das aufgepeitschte Wasser verantwortlich machten.

**SCHWIERIGKEIT** Mittel.

**GEHZEIT** 4.30 Std.

**HÖHENDIFFERENZ** 400 Hm.

**TOURENCHARAKTER** Schöne Bergwanderung auf zumeist breiten und flachen Wegen. Nur der Schlussanstieg zur Hütte ist etwas anstrengender.

**AUSGANGS- UND ENDPUNKT** Bergstation der Seilbahn zur Ehrwalder Alm.

**EINKEHR** Coburger Hütte, geöffnet von Anfang Juni bis Mitte Oktober, Tel. 00 43/664/325 47 14.

**KARTE** UK L31 »Werdenfelser Land« 1:50 000, Bayerisches Landesvermessungsamt.

**INFORMATION** Tourismusverband Ehrwald-Zugspitze,
Kirchplatz 1,
A-6632 Ehrwald,
Tel. 00 43/56 73/200 00/208,
Fax 00 43/56 73/200 00/210,
E-Mail:
ehrwald@zugspitzarena.com.

**ANFAHRT**

**AUTO** Auf der A95 nach Garmisch und weiter Richtung Fernpass auf der B23 nach Ehrwald.

**BAHN** Von München Hauptbahnhof stündlich nach Garmisch. Dort umsteigen in die Ausserfernbahn und an der Haltestelle Ehrwald aussteigen. Von hier mit dem Bus zur Talstation der Ehrwalder-Alm-Seilbahn.

*Wo heute der Drachensee liegt, befand sich einst ein reiches Dorf.*

Von der Bergstation der Seilbahn geht man am Gasthaus »Ehrwalder Alm« vorbei und folgt dem breiten Fahrweg weiter nach Osten. Eine Abzweigung nach links ignoriert man. Bald überquert man den Geißbach, erreicht über ein paar Kehren einen Waldrücken und wandert weiter auf dem breiten Weg wieder leicht bergab. Einer weiteren Abzweigung nach links zum Igelsee schenkt man ebenfalls keine Beachtung und wandert auf dem Fahrweg weiter, bis bald nach links ein Fußweg (Schild »Coburger Hütte«) abzweigt.

In leichtem Auf und Ab geht es zur Seebenalm, wo man kurz wieder auf den Fahrweg trifft. Nach zwei Kehren wenden wir uns wieder von ihm nach links ab und erreichen über einen markierten Pfad den wunderschönen Seebensee. An diesem geht es nun links vorbei auf den Talschluss zu. Zuletzt führt ein steilerer Fußweg in vielen Serpentinen hinauf zur traumhaft gelegenen Hütte, die direkt oberhalb des Drachensees liegt.

**Eine Übernachtung auf der einzigartig gelegenen Coburger Hütte ist sehr zu empfehlen. Geübte Bergsteiger können am nächsten Tag die Ehrwalder Sonnenspitze oder einen der beiden Tajaköpfe besteigen.**

**TIPP**

# Das Untier im Drachensee

In den frühesten Zeiten der Alpenbesiedlung kam ein heiliger Mann in das Ausserfern. Das ist ein breiter Talboden zwischen dem Werdenfelser Land und dem Inntal. Der Geistliche predigte den dortigen Bewohnern das Evangelium und lehrte sie die Kunst des Erzabbaus. Nach vielen, vielen unergiebigen Jahren des Bergbaus stießen die Knappen eines Bergdorfes, das hoch oben im Mieminger Gebirge lag, plötzlich auf eine mächtige Goldader. Unverzüglich wurde ein tiefer Schacht gegraben, um diese Geldquelle auszubeuten. Schnell mehrte sich der Reichtum des ehemals armen Ortes, das direkt unterhalb der markanten Sonnenspitze lag. Aus den vormals kleinen Holzhütten wurden stattliche Berghöfe mit Dienstboten und Mägden. Doch in dem Maße, wie der Besitz der Bewohner wuchs, schwand ihre frühere Bescheidenheit. Die Dörfler wurden zu übermütigen und hartherzigen Menschen, die den Kirchgang verpönten und das Erz als neuen Gott verehrten. Bald scheuten sie die Arbeit und ließen an ihrer Stelle arme Bewohner des Alpenvorlands in den dunklen Stollen schuften. Die Armut wurde ganz und gar verachtet, da es im Ort durch das wertvolle Metall keine Bedürftigen mehr gab.

Doch der Hochmut der Mieminger Bergleute war dem Allmächtigen nicht unbekannt geblieben, und so nahm ein schreckliches Schicksal seinen Lauf. An einem grauen Nachmittag im Spätherbst kam ein alter Mann ins Dorf und bat um Aufnahme für nur eine Nacht. Obwohl es bereits dämmerte und eisiger Herbstwind den Alten erschauern ließ, fand er an keiner Tür Einlass. Die stolzen Dorfbewohner überschütteten ihn mit Hohn und manche spuckten ihm sogar hinterher. Am obersten und reichsten Hof des Ortes wurden gar die Hunde auf ihn gehetzt, so dass der Wanderer sich in noch höhere und kältere Bergregionen flüchten musste. Mit letzter Kraft erreichte er eine vor dem Wind schützende Felsnische. Der arme Wandersmann kauerte sich so klein wie möglich zusammen. Die Nacht war aber so kalt, dass der ausgezehrte Mann den nächsten Morgen nicht mehr erlebte. Mit zitternder Stimme rief der sterbende Fremde noch einen bösen Fluch über das Bergdorf, seine Bewohner und das Bergwerk. Da begann die Erde zu beben, und gewaltige Risse taten sich im Untergrund auf. Nach und nach stürzten alle Häuser des Ortes in den schwarzen Abgrund.

Als sich am nächsten Tag die herbstlichen Morgennebel verzogen hatten, lag an der Stelle des Hochmutes und des Geizes ein ruhiger, aber dunkler See. In ihm lebt seitdem ein riesiger Drache, der die ruhelosen Geisterseelen der Dorfbewohner bewacht. Daher heißt er bis zum heutigen Tag Drachensee. In der Christnacht hört man das Glöcklein der ebenfalls versunkenen Dorfkirche läuten und sieht auch die büßenden Bewohner zur Andacht ziehen. Aber wehe dem Menschen, der nicht nur sieht, sondern auch gesehen wird. Der Drache fährt dann aus dem Wasser, erfasst ihn und gesellt ihn zur Schar der Verdammten.

14

**SCHWIERIGKEIT** Leicht.

**GEHZEIT** 4 Std.

**HÖHENDIFFERENZ** 700 Hm.

**TOURENCHARAKTER** Relativ leichte Bergtour mit tollen Blicken auf Alpenvorland, Walchensee und Karwendel. Zum Schluss Uferspaziergang am Walchensee.

**AUSGANGS- UND ENDPUNKT** Parkplatz bzw. Bushaltestelle am Kesselbergsattel.

**EINKEHR** Jocheralm, 1382 m, in der Hochsaison bewirtschaftet.

**KARTE** UK L18 »Bad Tölz–Lenggries« 1:50 000, Bayerisches Landesvermessungsamt.

**INFORMATION**
Tourist Info Kochel am See,
Kalmbachstr. 11,
82431 Kochel am See,
Tel. 088 51/338,
Fax 088 51/55 88,
E-Mail: info@kochel.de.

**ANFAHRT**
**AUTO** Auf der A95 bis Ausfahrt Murnau/Kochel und über Schlehdorf nach Kochel. Dort rechts auf der B11 zum Kesselbergsattel.

**BAHN** Von München über Tutzing nach Kochel und weiter mit dem Bus 9608 (auf direkten Anschluss achten: www.bahn.de oder www.rvo-bus.de) zum Kesselbergsattel.

# DIE SAGE VOM WALLERSEE

## Zu einem der schönsten Aussichtsberge am bayerischen Alpenrand

**Der Walchensee, der früher Wallersee genannt wurde, ist bei Tauchern wegen seiner tückischen Strömungen berüchtigt. Der See ist mit 200 Metern ungewöhnlich tief, sein Untergrund hat im Gegensatz zu den anderen Voralpenseen ein äußerst unregelmäßiges Relief. In alten Zeiten waren diese geografischen Zusammenhänge unbekannt, und so entstanden abergläubische Erzählungen.**

**Strecke** Bei einer Rundwanderung auf den Jochberg kommt man direkt am Ufer vorbei, wo sich die Sage gemütlich vorlesen lässt.

Am Kesselbergsattel erblickt man auf der nördlichen Straßenseite den Wegweiser zum Jochberg. In angenehmer Steigung gewinnen wir schnell an Höhe. Nach etwa einer Stunde gelangt man zu einem Waldsattel und wendet sich einem weiteren Schild folgend nach links. Bald erreicht der Weg die gewaltigen Nordabstürze des Jochbergs. Kurz danach treten wir aus dem Wald heraus und erreichen die Wiesen der Jocher Alm. Wir folgen bei der nächsten Gabelung wieder dem linken Weg und gelangen über diesen zum höchsten Punkt.

Von hier oben hat man eine einzigartige Aussicht auf das Alpenvorland und natürlich auf den im Süden liegenden Walchensee.

Nach der Gipfelrast steigt man zur letzten Weggabelung wieder hinab und wendet sich nach links, um zur Jocheralm zu gelangen. Hier

*Der Sage nach hängt das Schicksal Münchens vom Walchensee ab.*

folgt man der breiten Forststraße nach Süden, verlässt diese aber an der ersten Kurve. Von nun an folgen wir den vielen Wegweisern durch schönen Bergmischwald hinab nach Sachenbach. Bei einer Gabelung wählt man lieber den schöneren, da älteren linken Weg. Unten angelangt, wendet man sich nach rechts und wandert gemütlich am Walchenseeufer entlang.

Viele Stellen bieten sich an, um die Sage vorzulesen. Der Uferweg führt direkt zur Bushaltestelle in Urfeld. Wer mit dem eigenen Auto angereist ist, muss von dort noch zum Kesselbergsattel aufsteigen.

**Nach der Tour lohnt sich ein Besuch des »Erlebniskraftwerks Walchensee« am Fuße der Kesselbergstraße. Geöffnet von April bis Oktober täglich von 9 bis 17 Uhr und von November bis März von 9 bis 16 Uhr.**

**TIPP**

# Die Sage vom Wallersee

Früher glaubten die Einheimischen, der Walchensee stehe mit dem Meerwasser in Verbindung. Denn es gelang ihnen auch mit langen Seilen, an denen Steine befestigt waren, nicht, die Tiefe des unheimlichen Sees zu bestimmen. Einmal tauchte ein wagemutiger Bursche in einer Glocke aus Ochsenhaut in die Tiefe hinab. Als er wie wild am Rettungsseil zog, konnte er nur in letzter Sekunde aus den Untiefen emporgezogen werden. Er berichtete, dass ein riesiges Ungeheuer mit feuerroten Augen und spitzen Zähnen auf ihn zu jagte. Noch auf dem Boot drang dessen unheimliche Stimme aus der Tiefe empor: »Willst du mich ergründen, so werd´ ich dich schlünden!«

Ein anderes Mal fuhr ein Fischerbub auf den See hinaus, um die Netze einzuholen. Da erblickte er im See seltsame dunkle Streifen, die sich in einer eigenartigen Strömung wanden. Er griff ins Wasser, zog aber seine Hand augenblicklich zurück: Dunkles, warmes Blut troff von seinen Fingern herab! Der Junge ruderte so schnell wie möglich zum Ufer zurück. Er rannte in Richtung seines Elternhauses, als er dumpfe Hufschläge hinter sich hörte. Da sah er einen schwarzen Rappen auf sich zu jagen. So schnell es ging, stürzte sich der Bub ins Gebüsch – doch als sei das Erlebnis mit dem Blut nicht schon genug gewesen, wurde der Knabe vom Antlitz des vorbeisprengenden Reiters abermals zu Tode erschreckt: Die in einen wallenden, schwarzen Kapuzenmantel gehüllte Gestalt hatte kein Gesicht, sondern einen bleichen Totenkopf mit leeren Augenhöhlen!

Als der Spuk vorüber war, wagte sich der Fischer aus seinem Versteck und wankte benommen nach Hause. In der Stube nahm sein Vater ihn in den Arm und sprach: »Mein Sohn, höre die Sage vom Walchensee: In den unergründlichen Tiefen lebt ein riesiger Fisch, ein Waller. Der umspannt mit seinem mächtigen Leib das Innere des Kesselbergs. Sein gewaltiger Rachen hält das Ende seines Schweifes im Maul, so dass das Untier wie ein riesiger Ring gespannt in der Tiefe liegt. Er wartet darauf, dass die Bewohner des Oberlandes der Sünde verfallen. Dann wird er seinen Schweif loslassen, der Kesselberg wird bersten und das Wasser wird sich über das Alpenvorland wälzen und bis nach München die Ortschaften zerstören!

Das Blut, das du gesehen hast, ist das Blut des Wallers. Es kommt von Zeit zu Zeit an die Oberfläche, denn es strömt aus dem Schweif, in den der Fisch seine spitzen Zähne gehackt hat. Der schwarze Reiter aber ist der Tod. Er jagt bisweilen im Oberland umher und begutachtet das Leben und Treiben der Menschen. Wenn Unglaube und Sünde weiter zunehmen, so wird sich die Weissagung erfüllen.

Und das ganze Oberland samt München wird untergehen.« In der Tat war man auch in München besorgt über einen Ausbruch des Walchensees. Um das Unheil abzuwenden, wurde jedes Jahr ein goldener Ring geschmiedet, dessen Metall aus der Isar gewonnen wurde. Nur ein rechtschaffener Goldschmiedemeister durfte diesen anfertigen.

Alle Quatember (strenge Fastentage im katholischen Kalender) ritt ein Mann auf einem Schimmel durch die Stadt und mahnte die Münchner Bürger zur Buße. Am Sonntag vor der Sonnenwende fand eine Prozession zum Walchensee statt. Von einem geschmückten Kahn aus wurde dann der Ring in die Tiefen geworfen, um das Untier gnädig zu stimmen.

15

**SCHWIERIGKEIT** Anspruchsvoll.

**GEHZEIT** 5.30 Std.

**HÖHENDIFFERENZ** 1100 Hm.

**TOURENCHARAKTER** Waldreiche Bergtour mit zumeist angenehmen Anstiegen. Vom Heimgarten einzigartige Aussicht auf Alpenvorland und Kalkalpen.

**AUSGANGS- UND ENDPUNKT**
Parkplatz am südöstlichen Ortsrand von Ohlstadt.

**EINKEHR** Heimgartenhütte, bewirtschaftet von Vatertag bis Kirchweih, keine Übernachtungsmöglichkeit, Tel. 01 71/950 77 87.

**KARTE** UK L18 »Bad Tölz–Lenggries« 1:50 000, Bayerisches Landesvermessungsamt.

**INFORMATION**
Gästeinformation Ohlstadt,
Rathausplatz 1,
82441 Ohlstadt,
Tel. 088 41/74 80,
Fax 088 41/67 12 44,
E-Mail: gaeste-info@ohlstadt.de.

**ANFAHRT**
**AUTO** Auf der A95 bis zur Ausfahrt »Murnau/Kochel«. Hier rechts Richtung Ohlstadt und nach links in den Ort. Beim Schild »Verkehrsamt« links in die Hauptstraße. Bei der Gabelung rechts Richtung »Hotel Alpenblick/Heimgarten« in die Heimgartenstraße und dieser bis zum Wanderparkplatz folgen.

**BAHN** Direkt von München Hauptbahnhof zur Zughaltestelle Ohlstadt. Von dort in ca. 20 Minuten zum Ausgangspunkt.

# DER SCHATZ AM HEIMGARTEN

## Rundwanderung zur aussichtsreichen Heimgartenhütte

**Der Sage nach kamen die sogenannten Venedigermännlein im Frühjahr aus ihrer Heimat ins Gebirge, nahmen bei einfachen Leuten Wohnung und suchten die Gewässer und alle Winkel des Gebirges nach bestimmten Gesteinen ab. Die Einheimischen glaubten, dass diese Fremden immer nach Gold suchten. Man sprach ihnen besondere Kenntnisse, ja sogar Zauberkräfte zu.**

**Strecke** Vom Parkplatz geht es geradeaus auf der Forststraße bergan. Nach ca. 300 Metern kommt man an eine Verzweigung. Hier geht es nach rechts auf den anfangs breiten Bergweg »441«. Nach einiger Zeit kommen wir an eine weitere Gabelung und gehen links. Unser Weg überquert später die breite Forststraße einmal und stößt dort, wo es flacher wird, auf das Ende der Forststraße. Von hier geht es auf dem Weg »443« weiter in Richtung Osten zu einem schönen Hochmoor, welches man auf Holzbohlen überquert. Nach einer idyllischen Lichtung, die sich zum Vorlesen der Sage anbietet, taucht man nochmals in den Wald ein, wo es wieder bergauf geht.

An einer Gabelung stoßen wir auf einen Fahrweg und gehen hier nach rechts, bevor wir kurze Zeit später an der Käseralm stehen. Von hier führt ein markierter Fußweg nach Süden aus dem Wald heraus

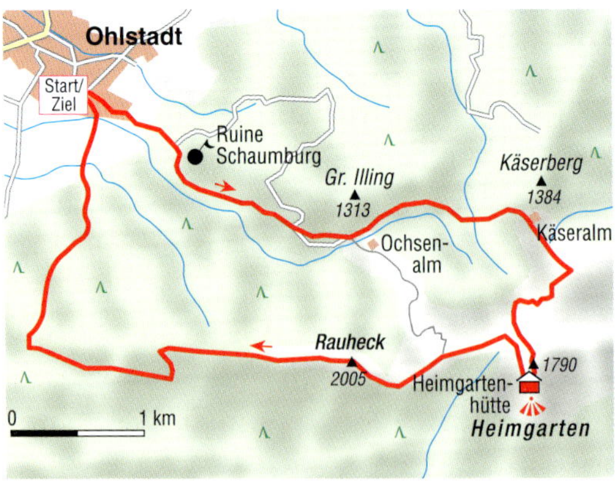

*Der Heimgarten-Gipfel ist nicht nur bei Sagenwanderern beliebt.*

und zu dem Bergkessel nördlich des Heimgartens. Über steile Serpentinen erreicht man den von Westen heraufziehenden breiten Gipfelkamm, über den wir – indem wir uns oben nach links wenden – den Gipfel und die unterhalb gelegene Heimgartenhütte erreicht. Für den Abstieg empfehle ich folgende Rundwanderung: Man folgt vom Gipfel immer dem breiten Bergrücken in Richtung Westen und ignoriert dabei alle wegführenden Abzweigungen. Der schöne Weg »442« bietet am Rauheck nochmals herrliche Talblicke, bevor er nach links im Wald bergab führt. Ohne Orientierungsschwierigkeiten geht es bald entlang eines Baches nach Westen bergab. Dann wendet sich der Weg nach Norden und erreicht den Talboden unweit vom Ausgangspunkt in Ohlstadt.

**Mit kleineren Kindern ist es durchaus auch lohnenswert, der Tourenbeschreibung nur bis zur Käseralm zu folgen.**

**TIPP**

# Der Schatz am Heimgarten

Die Bauern des bayerischen Oberlandes wunderten sich von jeher über den Reichtum des Klosters Schlehdorf. Wie war es möglich, dass die Mönche so prachtvoll bauen können? Des Rätsels Lösung: Es muss eine Goldader im Heimgarten geben. Die Goldader lag dem Volksglauben zufolge nahe bei der Käseralm, denn diese gehörte damals dem Kloster. Man vermutete die genaue Stelle 100 Schritte abwärts in einer tiefen Grube. Dort soll Propst Leonhard (gestorben 1725) jahrelang eine Goldquelle ausgebeutet haben, um die goldene Monstranz zu bauen. Später suchten jahrelang Bauern aus der Umgebung vergeblich nach der Goldader. Nur ein altes Weiblein will einmal Goldstücke gefunden haben. Die Geschichte von diesem Weiblein hat noch einen anderen Hintergrund: Einmal soll es einen »Ritter von Weichs« gegeben haben, der in Ohlstadt auf einer Burg lebte. Als die Hunnen einfielen, transportierte er seine Schätze auf den Heimgarten und vergrub sie dort. Das Versteck verrammelte er mit Felsbrocken und ließ dort die Ziffer »V« einhauen. Der Ritter kam niemals wieder, aber das Weiblein will, als sie die Goldstücke entdeckte, auf einem Felsen daneben ein »V« gesehen haben. Jetzt fingen die Bauern wieder an zu graben. Unter ihnen war auch ein gewisser Joseph Hägle, der besonders arm war.

Eines Tages traf er auf dem Friedhof ein sonderbares Männlein, das ihm versprach, mit ihm zur Käseralm zu gehen und ihm das Gold zu zeigen. Tief im Winter gingen die beiden nachts zur Hütte. Schlag zwölf erschien ein Mann in der Tür, gekleidet wie ein Jäger, und schleuderte wütend Pickel und Schaufel so fest gegen die Wand, dass sogar Funken stoben. Hägle wurde Angst und Bange. Doch das Männlein beruhigte ihn, zeigte ihm am nächsten Morgen die Stelle der Goldader und sagte Hägle, er könne erst im Frühjahr anfangen zu graben. Dann verschwand das Männlein.

Bis über Bayern hinaus wurde über den Schatz am Heimgarten spekuliert. So prophezeite ein sterbender Abt in Köln: »Auf einem hohen Berg in Bayern wird bald ein großer Schatz gehoben werden.« Das spornte den Goldsucher natürlich an. Hägle kam im Frühjahr mit dem Velhäusl aus Heilbrunn und einem Zimmermeister aus Wackersberg wieder.

Die drei gruben und gruben. Doch sie fanden nichts. Fünfzig Klafter tief soll ihr Stollen gewesen sein, und immer wieder sind ihnen beim Graben Visionen erschienen, die sie ermutigten, weiterzumachen: So soll vor ihren Augen immer wieder eine Kiste aufgetaucht sein. Das einzige, was die Männer fanden, war Katzengold (Schwefelkies). Als sie dem Apotheker von Benediktbeuern ihre Ausbeute zeigten, ermunterte der sie sogar noch zum Weitermachen, denn, so sprach der Gelehrte, hinter Katzengold fände sich oftmals richtiges Gold. Doch auch er lag falsch.

Das Ende der drei Goldgräber war der Legende nach jämmerlich: Hägle und der Velhäusl sollen verhungert sein, ihre Frauen wurden wahnsinnig. Der Zimmermeister musste schließlich betteln gehen, weil er solange auf der Käseralm gegraben hatte, dass sein Gewerbe zugrunde ging. Die Geschichte vom Gold am Heimgarten hielt sich übrigens bis in die Neuzeit: 1945 kam ein Sonderkommando von Offizieren der US-Armee und suchte an der Käseralm nach Edelsteinen. Sie glaubten, Hitler habe hier einen Teil seines Reichsschatzes versteckt.

16

**SCHWIERIGKEIT** Leicht.

**GEHZEIT** 4 Std.

**HÖHENDIFFERENZ** 500 Hm.

**TOURENCHARAKTER** Waldreiche Bergwanderung auf guten Wegen und in zumeist angenehmer Steigung.

**AUSGANGS- UND ENDPUNKT**
Parkplatz bzw. Bushaltestelle am nördlichen Ortsende von Wallgau/Bichl.

**EINKEHR** Unterwegs keine Möglichkeit.

**KARTE** UK L18 »Bad Tölz–Lenggries« 1:50 000, Bayerisches Landesvermessungsamt.

**INFORMATION**
Tourist-Information Wallgau,
Mittenwalder Str. 8,
82499 Wallgau,
Tel. 088 25/92 50 50,
Fax 088 25/92 50 66,
E-Mail:
tourist-information@wallgau.de.

**ANFAHRT**
**AUTO** Auf der A95 bis Ausfahrt »Kochel/Murnau« und über Schlehdorf weiter nach Kochel. Von hier über Urfeld nach »Wallgau/Bichl«.

**BAHN** Von München Hauptbahnhof über Tutzing nach Kochel und von dort mit dem Bus 9608 Richtung Garmisch bis Wallgau/Bichl. Auf direkten Busanschluss achten: www.bahn.de
oder www.rvo-bus.de.

# DIE WEISSE FRAU VOM WILDSEE

## Zu einem einsamen Bergsee im Werdenfelser Land

**Kein Kiosk oder gar Wirtshaus stören das märchenhafte Ambiente am Wildsee im Estergebirge. Kein Wunder, dass man sich schon früh Gedanken um seine Entstehung machte. Die Einheimischen hatten keine Kenntnis von den Abschmelzprozessen am Ende der Eiszeit, die zur Entstehung solcher Gebirgsseen führten. So glaubte man, dass überirdische Kräfte ihre Hand im Spiel hatten.**

**Strecke** Von Wallgau/Bichl folgen wir der Hauptstraße ein kurzes Stück zurück bis zum Ortsschild und biegen links in eine Forststraße ein. An einer Gabelung geht es nach links weiter (Schild »Krottenkopf«). Wir verlassen die breite Forststraße an einer Kehre.

Der alte Forstweg führt nun an einem Bach entlang weiter bergan in Richtung Westen. Hinter einer Holzbrücke gehen wir nach links, queren eine weitere Forststraße und laufen ein schönes Tälchen hinauf zum wunderbar gelegenen Wildsee. Hier bietet sich eine sehr gute Gelegenheit, die Sage vorzulesen, während sich die Kinder beim Zuhören mit der mitgebrachten Brotzeit stärken können. Es geht auf dem gleichen Weg zum Ausgangspunkt zurück.

*Inmitten des Estergebirges liegt der sagenhafte Wildsee.*

**Es lohnt sich, über den Wallgauer Steig und unterhalb von Hoher Kiste und Schindlerkopf weiter zur Weilheimer Hütte zu wandern und dort eine Bergnacht zu verbringen: Zustieg von Wallgau insgesamt 5 Std., Tel. 01 70/270 80 52, geöffnet von Mitte Mai bis Mitte Oktober. Am nächsten Morgen kann man dann den Krottenkopf (mit 2086 m höchster Gipfel des Estergebirges) besteigen. Anstieg 30 Minuten von der Hütte.**

# TIPP

# Die weiße Frau vom Wildsee

Der Schafhirte Jörg stand mit seiner Herde am Ufer des Hammersbachs, als sich die Schafe unruhig zusammenscharten, da es von Westen zu donnern begann. Der Jörg wollte aufbrechen und nahm noch einen Schluck aus dem Bach. Als er sich aber erhob, sah er, wie eine weiße Gestalt langsam näher kam. Allmählich erkannte er, dass es sich um eine wunderschöne Frau handelte, deren goldene Haare in leichten Wellen bis auf die Schultern herabfielen. Die Frau sprach: »Erschrick nicht Jörg, du brauchst keine Angst zu haben. Ich bin die Fee aus dem Höllental.« »Du kennst meinen Namen?«, stotterte der Hirte. »Ja, und ich weiß auch, dass du mit deiner Mutter in armen Verhältnissen lebst. Ich will euch helfen. Du musst nur meine Bedingungen erfüllen. Du darfst niemandem, auch nicht deiner Mutter, von mir erzählen. Auch darfst du kein Wild mehr schießen, so sehr das Wildern auch deine Leidenschaft ist. Wenn du diese Bedingungen erfüllst, zeige ich dir den Goldschatz, der im Höllental verborgen ist. Gehe nun deine Wege, wir werden uns wieder treffen.«

In den nächsten Wochen erschien die Fee regelmäßig an dem gewohnten Platz. Sie brachte Jörg Essen, so dass der auf seine Brotzeit verzichtete. Daheim fragte die Mutter nach dem Grund, aber ihr Sohn gab keine Antwort. Auch die Freunde wunderten sich, dass aus dem traurigen Burschen ein glücklicher Kerl geworden war. Doch er hielt eisern sein Schweigen.

Im folgenden Winter wurde Jörg so krank, dass die Mutter schon um das Leben ihres Sohnes fürchtete. Krampfanfälle schüttelten den Abgemagerten, als er im Fieberwahn zu sprechen begann: »Schöne Fee … Goldschatz im Höllental … lass′ das Wildern … verrat′ mein Geheimnis nicht.«

Die erschrockene Mutter erzählte am nächsten Morgen den Nachbarn, was sie gehört hatte. Im Dorf machte die Geschichte schnell ihre Runde. Das Geheimnis war heraus!

Der Jörg wurde wieder gesund, und als die Aprilsonne den Schnee zurückdrängte, suchte er wieder die Stelle auf, wo ihm die Fee erschienen war. Doch diese ließ sich nie mehr blicken. Jörg machte sich auf ins Höllental. Doch er kam in den wilden Klüften der Klamm nicht weiter. Da begegnete ihm ein Wichtlein mit strohweißem Bart und rief schadenfroh: »Du Plappermaul, jetzt wirst du die

Fee nie wieder sehen, und das versprochene Gold wurde in Blei verwandelt.« Tief traurig rannte der Jörg nach Hause.

Am nächsten Tag sagte seine Mutter, dass sie nichts mehr zu essen hätten. Wortlos nahm er seine Armbrust und ging zu seinem bevorzugten Wildererrevier im Estergebirge. Am Rande einer Lichtung legte er sich auf die Lauer. Nach einer Weile trat ein Hirsch mitten auf die Lichtung. Dem Jörg stockte der Atem, er legte an und schoss einen tödlichen Pfeil direkt in die Brust des Hirschen. Augenblicklich wurde es totenstill. Als Jörg auf die Beute zu rannte und seinen Hirschfänger aus dem Sack zog, verfinsterte sich der Himmel. Der Wildschütz hob verwundert den Kopf. Da jagte ein donnernder Blitz vom Himmel herab und erschlug den Jörg auf der Stelle. Das Donnern und Beben wurde immer lauter. Das Wasser stürzte Wasserfällen gleich aus dem Himmel. Die Sturzbäche hielten die ganze Nacht über an. Als sich das Unwetter am nächsten Tag verzogen hatte und die Sonne aufging, lag an der Stelle des grauenhaften Geschehens ein schwarzer See. Der Wildsee zeugt bis heute von der fürchterlichen Rache der Fee aus dem Höllental.

# 17

**SCHWIERIGKEIT** Leicht.

**GEHZEIT** 4 Std.

**TOURENCHARAKTER** Flache, aber lange Wanderung auf guten Wegen. Ein Stück lang auf einem Wiesenpfad.

**AUSGANGSPUNKT** Bahnhof Uffing.

**ENDPUNKT** Bahnhof Murnau.

**EINKEHR** Karg's Bräustüberl: Weißbier und Schweinebraten – diese urbayerischen kulinarischen Sünden verleihen dem Traditionsgasthaus seinen besonderen Ruf. Untermarkt 27, Murnau, Montag Ruhetag.

**KARTE** UK L3 »Pfaffenwinkel–Staffelsee« 1:50 000, Bayerisches Landesvermessungsamt.

**INFORMATION**
Tourist Information Murnau,
Kohlgruber Str. 1,
82418 Murnau a. Staffelsee,
Tel. 088 41/614 10,
Fax 088 41/61 41 21,
E-Mail:
touristinformation@murnau.de.

**ANFAHRT**
**AUTO** Auf der A95 bis Ausfahrt »Murnau« und über Murnau nach Uffing am Staffelsee.

**BAHN** Von München Hauptbahnhof ohne Umsteigen zum Bahnhof Uffing. Zurück von Murnau ebenfalls direkt Richtung München.

## DER MURN VOM STAFFELSEE

### Wunderschöne Uferwanderung an einem der schönsten Seen des Voralpenlands

**Malerisch liegt der Staffelsee vor der Bergkulisse des Werdenfelsener Landes. Sieben Inseln ragen aus seiner Oberfläche hervor. Er ist nicht besonders tief, aber dennoch gefährlich. Das Seehausener Kreuz erinnert an die vielen Opfer, die das Wasser gefordert hat. Vor allem nachts soll es toben draußen am See, wenn das Unwetter kommt und danach unheimlicher Nebel über die dunklen Wasser zieht.**

**Strecke** Vom Bahnhof geht man parallel zur Hauptstraße nach Uffing (ca. 1 km) und folgt der Kurve Richtung See. An der Hauptkreuzung laufen wir rechts Richtung »Böbing« in die Schöffauerstraße und über eine Brücke. Bald biegen wir links in die Rötenbachstraße ab (Schild »Obernach/Sportplatz«) und wenden uns direkt vor dem Sportplatz nach rechts und dann wieder nach links (Staffelseerundweg Nr. 1). Nun geht es gerade auf den See zu. Vor diesem halten wir uns an der Gabelung rechts Richtung »Obernach«.

An einer Infotafel mit Landkarte wird darauf hingewiesen, dass die rot schraffierten Bereiche im Sommerhalbjahr nicht begangen werden dürfen (siehe Hinweis). Hier folgen wir zunächst noch dem Geländer nach rechts und biegen dann scharf links in einen Fahrweg ab. Dieser führt uns nun auf den See zu.

Ein weiteres Schild macht darauf aufmerksam, dass der Weg im Sommer gesperrt ist. Der Fahrweg wird zu ei-

*Auf einer lieblichen Insel im Staffelsee hauste einst ein gefährliches Untier.*

nem Wiesenpfad und führt zu einem Waldrand. Hier geht es weiter geradeaus und hinter einem Gatter auf eine wunderschöne Weide mit Blick auf den See. Immer in der gleichen Richtung folgt man nun einem Wiesenpfad, der am Ende des Schilfgebietes auf eine Schotterstraße stößt. Man wendet sich nach links, überquert den Bach »Ach« und hält sich an der Gabelung wieder links. Es geht kurz durch Wald, dann noch einmal durch Schilf, bis man im Wald das Staffelsee-Südufer erreicht.

An diesem entlang orientiert man sich nun in Richtung Osten nach Murnau. Am Parkplatz hinter der Bootsanlegestelle folgt man kurz der Seestraße, um dann nach links von ihr in einen Fußweg (Beschilderung »Bahnhof«) abzuzweigen. Den Berg hinauf und durch die Unterführung wandert man zum Bahnhof. Wer vorher im »Karg« (siehe Einkehr) ein leckeres Weißbier zischen möchte, folgt hingegen der »Seestraße« bergan und weiter der »Kohlgruberstraße« ins verkehrsberuhigte Ortszentrum.

**WICHTIG! Das Obernacher Moos darf nur von Ende Oktober bis Ende Februar betreten werden. In den übrigen Monaten muss man einen Umweg über einen Fahrweg in Kauf nehmen. Dieser Umweg ist mit »Staffelseerundweg« beschildert und entspricht etwa 20 Minuten zusätzlicher Gehzeit.**

**TIPP**

# Der Murn vom Staffelsee

Auf der kleinen Jakobsinsel lebte vor Urzeiten ein gefährlicher Drache, der von den Anwohnern des Sees »Der Murn« genannt wurde. Jede Nacht war über den ganzen See hinweg sein Brüllen zu hören, und in der Dunkelheit holte er sich seine Beute. Oft genug waren es nicht nur die Weidetiere, sondern sogar die Menschen selbst, die dem grausamen Untier zum Opfer fielen. Ein hohes Kopfgeld wurde auf die Tötung des Murn ausgesetzt, und so machten sich immer wieder mutige Burschen mit einfachsten Waffen auf, um den Drachen zu bezwingen. Doch alle Versuche schlugen fehl. Nicht einmal den stärksten Männern aus dem ganzen Werdenfelser Land gelang es, den Murn zu besiegen.

Von den vielen gescheiterten »Drachentötern« hatte auch ein einfacher Schustergeselle von der Insel Wörth gehört. Immer wieder grübelte er bei seiner Arbeit darüber, wie man dem Untier beikommen könne. »Mit meiner Muskelkraft allein werde ich nichts ausrichten können«, dachte der kluge, aber recht schmächtige Schustergeselle. »Mit einer List muss man das Untier von der Jakobsinsel bezwingen.«

Und an einem Nachmittag im Herbst fiel ihm so eine List ein. Sofort ließ er die Arbeit stehen und liegen und machte sich daran, einen todbringenden Köder zu basteln. Mit einem kleinen Kahn fuhr der Junge dann in der Abenddämmerung zur Insel. An Bord hatte er seinen Köder für den immer hungrigen Murn. Wie ein schmackhaftes Opfertier sah der Köder aus. Doch in das Fell war ungelöschter Kalk eingenäht. Als der Junge die Insel erreicht hatte, legte er sein »Trojanisches Pferd« auf eine große Lichtung unweit des Ufers. So schnell er nur konnte, eilte er zurück zu seinem Kahn. Gerade als er sich wieder in den Staffelsee abgestoßen hatte, kam auch schon der wütende Murn angerannt. Der Drache wollte den dreisten Eindringling auf der Stelle verschlingen. Doch als der Murn den Köder vor sich liegen sah, machte er halt und verschlang diesen anstelle des Jungen auf der Stelle. Der beobachtete aus sicherer Entfernung voller Anspannung, ob sein ausgefuchster Plan Erfolg hatte, oder ob es nur ein weiterer von vielen gescheiterten Versuchen war.

Und es klappte! Als das schnaubende Untier zum Ufer ging, um seinen riesigen Durst zu löschen, verband sich das Wasser mit dem Kalk zu einer tödlichen Mischung. Der Todeskampf des sich windenden Drachen dauerte nicht lange. Nach nicht einmal einer Viertelstunde war der Murn tot. Jahre später – 1322 soll es gewesen sein – ritt Kaiser »Ludwig der Bayer« durch das Oberland auf dem Weg zum Kloster am Staffelsee. Er ließ verkünden, dass derjenige, der ihm die Stiefel richten könne, ohne dass er absteigen müsse, einen Wunsch frei habe.

Wieder war der geschickte Schusterjunge erfolgreich. Nach getaner Arbeit kniete er vor dem Herrscher nieder, senkte seinen Kopf und verkündete bescheiden: »Gold und Silber sind mir nicht viel wert. Ich wünsche mir nur den von mir bezwungenen Murn als Wappen meiner Heimat.« Seither heißt die Stadt am See »Murnau«. Und das Wappentier erinnert bis heute an die listige Tat des beherzten Jungen.

# 18

**SCHWIERIGKEIT** Leicht.

**GEHZEIT** 2.30 Std.

**HÖHENDIFFERENZ** 150 Hm.

**TOURENCHARAKTER** Unschwere Rundwanderung mit leichten Anstiegen auf guten Wegen. Schöne Bergblicke auf die Ammergauer Alpen.

**AUSGANGS- UND ENDPUNKT**
Kreuzung an der Straße Rottenbuch – Ilgen, 1 km hinter dem Ölberger Weiher.

**EINKEHR** Schönegger Käsealm, im Sommer täglich geöffnet.

**KARTE** UK L3 »Pfaffenwinkel – Staffelsee« 1:50 000, Bayerisches Landesvermessungsamt.

**INFORMATION**
Tourismusverband Pfaffenwinkel,
Bauerngasse 5,
86956 Schongau,
Tel. 088 61/77 73,
Fax 088 61/20 06 78,
E-Mail: info@pfaffenwinkel.com.

**ANFAHRT**
**AUTO** Von München auf der A95 bis Starnberg und weiter auf der B2 nach Weilheim. Von hier über Peißenberg und Böbing nach Rottenbuch.

# DAS PESTMÄNNLEIN VON ROTTENBUCH

## Abwechslungsreiche Rundwanderung mit Blick auf die Ammergauer Alpen

**Im Mittelalter wurde auch das bayerische Oberland von der Pest nicht verschont. Vielerorts machte man einen unheimlichen Pestboten für den Ausbruch der Seuche verantwortlich. So eine Gestalt tauchte angeblich immer wieder in der Gegend von Rottenbuch auf.**

**Strecke** An der kleinen Straßenkreuzung macht ein Schild auf den nahe gelegenen Pestfriedhof aufmerksam, der sich zum Vorlesen der Sage anbietet. Ob man die Rundwanderung vorher oder nachher unternimmt, bleibt natürlich jedem selbst überlassen: Wir folgen dem Teerweg nach Süden (Wegweiser: »Filzbauernweg«), bis wir ihn an einer Kurve verlassen, indem wir geradeaus gehen. Von dem folgenden Forstweg biegt man nicht bei der ersten Gabelung nach rechts ab,

sondern bleibt auf dem Hauptweg, der mit »W2« markiert ist. Man geht an einem Bauernhaus vorbei, durchquert ein Waldstück, und schon öffnen sich freie Wiesenflächen. Die nächste Wegkreuzung überquert man und stößt auf einen Teerweg, der zur »Schönegger Käsealm« führt. Am Parkplatz wendet man sich nach Norden und folgt dem Wegweiser »Rottenbuch«. Der Weg wird zum Teerweg und gabelt sich bei ein paar Höfen. Hier gehen wir nach

Der bezaubernde Blick von Schönegg auf die umliegenden Moore

Am Pestfriedhof beginnt die Sagenwanderung.

Besichtigen Sie nach der Wanderung den schönen Ortskern und die Stiftskirche von Rottenbuch. Sie ist im Sommerhalbjahr täglich von 8 bis 19 Uhr geöffnet. Ein Klosterrundweg erläutert außerdem auf 18 Tafeln die Klosteranlage des Augustinerchorherrenstiftes Rottenbuch. Vorhandene und zerstörte Gebäude und ihre Nutzung werden erklärt. Die Tafeln sind durchnummeriert, der Rundgang kann jedoch bei jedem beliebigen Punkt begonnen werden.

TIPP

links. Man kommt in eine Ortschaft und folgt der Hauptstraße, bis diese auf eine Querstraße trifft. Hier laufen wir erneut links und verlassen die Teerstraße wieder, indem man dem Wegweiser »Pestfriedhof« nach links folgt. Der Weg führt durch ein kleines Tälchen, steigt im Wald leicht an und durchquert schließlich Wiesenflächen. Bald trifft man die Kurve vom Anfang der Wanderung, von der es auf bekanntem Weg zum Ausgangspunkt zurückgeht.

# Pestmännlein von Rottenbuch

Im Mittelalter herrschte in Rottenbuch ein ungnädiger Landvogt, der bei der Bevölkerung sehr gefürchtet war. Nach einem ausgiebigen Trink- und Fressgelage lag er eines Abends in seinem Bett, als ein knochiger, in Lumpen gehüllter Mann in seine Kammer trat. Im Ort nannte man ihn den »Filzdrake«, weil er einsam wie ein Drache mit Frau und Kind im Moor wohnte. Als der Vogt den wilden Gesellen erkannte, erschrak er zutiefst. Denn erst vor kurzem hatte er dem armen Mann die letzte Kuh enteignet. Der Vogt schrie: »Was fällt dir ein, in mein Zimmer zu kommen? Wenn du nicht sofort verschwindest, lass ich dir fünfzig Rutenhiebe geben!« Den Draken beeindruckte das gar nicht. Er hielt dem Vogt einen alten verbeulten Hut mit einer Feuerzange unter die Nase. »Was fällt dir denn jetzt ein? Was bringst du mir diesen Hut mit der Zange?«, schrie der Vogt, riss den Hut an sich und zerdrückte ihn auf dem Boden. Da funkelten die Augen des Draken und er begann zu sprechen: »Ich wollt Euer Gnaden nur berichten, was es mit dem Hut auf sich hat. Heute morgen hütete mein Bub meine letzten Geißen. Er trieb sie in Richtung Wildsteig und setzte sich heulend unter einen Baum, weil er so einen Hunger hatte. Da kam plötzlich ein sonderbares Männchen aus dem Wald heraus. Es war fast nackt, hatte ganz gelbe Haut und einen Hut auf dem Kopf. Mein Bub wollte gleich weglaufen, doch das Männlein erwischte ihn am Kittel. Schließlich konnte mein Sohn sich fortreißen und lief zu uns nach Hause. Hinter ihm sprang der Kerl her und rief die ganze Zeit: »Wehe, Wehe und abermals Wehe!« Als ich aus meiner Hütte trat, war das Männchen wieder verschwunden. Da fiel mir eine wichtige Begebenheit ein: Vor langer Zeit, als die Pest in unserem Land wütete, ist auch so ein nacktes Weiblein aufs Feld gekommen und hat einem Hirtenmädchen ein Paar Strümpfe geschenkt. Kurz danach ist die Kleine gestorben und mit ihr Tausende Menschen. Ich hielt es für meine Pflicht davon zu berichten. Ich allerdings habe den Hut sicherheitshalber mit einer Zange angefasst!«

Der Vogt, der die alte Geschichte kannte, fühlte sich augenblicklich sterbenskrank. Der Drake lachte höhnisch, worauf der Vogt nach seinen Dienern rief, um den Boten des Todes gefangen zu nehmen. Der Drake stürzte zum Fenster und verschwand so schnell, wie er gekommen war. Von weitem noch rief er: »Ich wünsche Euch, wohl zu sterben, werter Landvogt!«

Dem Vogt ging es von Stunde zu Stunde schlimmer, und noch in derselben Nacht starb er unter elenden Qualen. Sein Tod versetzte ganz Rottenbuch in größte Panik. Alle Bewohner fürchteten, dass die Pest nun wieder ausbreche. Deshalb verscharrte man den bösen Vogt so schnell es ging in dem alten, entlegenen Pestfriedhof. Das Pestmännlein wurde in den nächsten Wochen von immer mehr Bauern und Waldarbeitern gesehen. Einem Hirten war es bis auf den Hohen Peißenberg nachgerannt. In ihrer Not wurden die Menschen fromm und gnädig. Die Bauern schindeten ihre Knechte nicht mehr und teilten ihre Erträge mit den Armen. Alle beteten zu Gott, dass er sie von der schrecklichen Seuche verschone. In der Tat starb niemand mehr. Nur den Vogt hatte seine gerechte Strafe ereilt. Sein Geist soll bis heute im Tal der Ammerleite sein Unwesen treiben.

# 19

**SCHWIERIGKEIT** Leicht.

**GEHZEIT** 3.45 Std.

**HÖHENDIFFERENZ** 200 Hm.

**TOURENCHARAKTER** Abwechslungsreiche Rundwanderung ohne größere Steigungen. Das Spektrum der Wegbeschaffenheit reicht von Teerstraßen über Landwirtschaftswege bis hin zu Wiesenpfaden.

**AUSGANGS- UND ENDPUNKT** Wanderparkplatz unterhalb von Lieben, direkt neben der »Bergkäserei Weizern«.

**EINKEHR** Schlossbergalm, www.schlossbergalm.de, kein Ruhetag.

**KARTE** UK L10 »Füssen und Umgebung« 1:50 000, Bayerisches Landesvermessungsamt.

**INFORMATION** Gästeinformation Hopferau,
Hauptstraße 8, 87459 Hopferau,
Tel. 083 64/85 48,
Fax 083 64/98 70 93,
E-Mail: info@hopferau.de.

**ANFAHRT**
**AUTO** Über die B16 nach Roßhaupten und weiter über Hopfen nach Hopferau. An der nächsten Abzweigung nach Weizern und gleich dahinter nach Lieben abbiegen. Von Westen her kommend fährt man vom Autobahnende der A7 über Seeg nach Lieben. (Hinweis: Die Autobahn wird in Richtung Füssen verlängert. Nach der Fertigstellung fährt man bei der Ausfahrt »Hopfensee« ab.)

**BAHN** Etwa zwei Kilometer von Lieben entfernt befindet sich die Zughaltestelle »Weizern«.

# DER SCHATZ ZU HOHENFREYBERG

## Schöne Wanderung zu zwei benachbarten Burgruinen

**Nicht König Ludwig, sondern die Herren von Freyberg haben die schönsten Plätze im Ostallgäu für ihre Burgen gewählt. Während sich die Burgen des Märchenkönigs Neuschwanstein und Hohenschwangau eng an die Hänge des Tegelbergs anlehnen, stehen die Burgen Hohenfreyberg und Eisenberg auf einem exponierten Hügel und bieten die schönsten Aussichten auf die Allgäuer Alpen.**

**Strecke** Vom Parkplatz geht es auf einer Teerstraße zu den Häusern von Lieben. Hier folgt man zuerst der Beschilderung zur Burgruine nach links, dann gleich dem Schild »Schwarzenbach« nach rechts. Auf einem Landwirtschaftweg geht es nun geradeaus nach Schwarzenbach, wo man auf eine Teerstraße trifft, der man nach rechts folgt. Über diese wandert man zum Ort Schweinegg. Bei einem Haus mit einem kleinen Holzschild »Schlossweiher 1 km« biegen wir links ab und folgen einer Schotterstraße nach Süden. Es geht leicht bergan und bald sieht man die Burgruine vor sich. An einer Weggabelung folgt man der Beschilderung »Ruinen« nach links. Kurz danach muss man aufpassen. Man wendet sich nach rechts von dem Landwirtschaftsweg ab (Schild »Ruinen 40 Min.«) und geht einen Wiesenpfad weiter und an dem Schlossweiher vorbei. Der Weg wird wieder breiter, und wir überqueren, indem wir zwei Gatter passieren, eine

Geschafft: Oben am Hohenfreyberg angekommen, besichtigen wir nun ganz in Ruhe die schöne Ruine.

Almwiese. Dahinter führt der Weg zu einem Waldsattel, von dem aus sich eine tolle Aussicht auf die Allgäuer Alpen bietet. Am Sattel wendet man sich nach links und folgt dem Fahrweg weiter bergan. Dort wo sich dieser nach links wendet, geht man noch ein Stück geradeaus (schmalerer Weg, Schild »Schlossbergalm/Ruinen«). An der nächsten Gabelung schwenken wir nach links und steigen über einen Pfad zu dem Bergsattel auf, der die beiden Burgruinen miteinander verbindet. Geht man hier nach links, erreicht man nach wenigen Metern die Burgruine Hohenfreyberg. Nach der Burgbesichtigung laufen wir zurück zu dem Bergsattel und gerade in den Wald hinein. Hier befindet sich eine Abzweigung, die nach links zur Schlossbergalm hinunter führt. Vorher lohnt sich die Besichtigung der Ruine Eisenberg. Danach geht es an der erwähnten Weggabelung einen guten Weg bergab zur Schlossbergalm. Hier wendet man sich nach links und geht parallel zur Terrasse durch zwei Gatter über Almwiesen auf den Wald zu. Dort biegen wir nicht vor dem Wald, sondern erst im Wald bei der zweiten Abzweigung nach rechts (Beschilderung »Lieben«). Es geht auf einem alten Karrenweg leicht bergan und wieder bergab. Ein letztes Mal muss man aufpassen. Dort wo der Wald lichter wird, zweigt man nach rechts von dem Fahrweg ab und steigt nun einen Wiesenpfad steiler hinunter. Wir überschreiten flacher eine Blumenwiese, wandern noch einmal kurz steiler durch den Wald und stoßen auf einen breiten Fahrweg, dem man nach rechts zum Ausgangspunkt folgt.

**Vor der Wanderung kann man sich am Ausgangspunkt mit Molkereiprodukten der »Bergkäserei Weizern« eindecken. Sie hat die ganze Woche über von 8 bis 19 Uhr geöffnet.**

**Im Ort Eisenberg befindet sich ein Burgenmuseum, in dem Grabungsfunde der archäologischen Ausgrabungen ausgestellt sind und die Geschichte der Burgen dargestellt wird. Das Burgenmuseum ist samstags, sonntags und feiertags von 13 bis 16 Uhr geöffnet und der Eintritt ist frei. Die Besichtigung der Burgruinen ist ebenfalls gratis. Man sollte aber eine freiwillige Spende in die aufgestellte Kasse leisten.**

**TIPP**

# Der Schatz zu Hohenfreyberg

In Zeiten, als das einstmals so mächtige Rittertum bereits dem Niedergang geweiht war, baute Friedrich zu Freyberg die damals größte bayerische Burg. Meterdicke Steinmauern sollten die Burg Hohenfreyberg uneinnehmbar machen. Doch gegen Ende des Dreißigjährigen Krieges teilte die Festung das Schicksal ihrer Nachbarburgen Eisenberg und Falkenstein. Im Angesicht des übermächtigen, anrückenden protestantischen Heeres wurden alle drei Festungen angezündet, damit sie nicht den Feinden in die Hände fielen.

Schnell wurde die Burgruine von Efeu überrankt. Ein Stein nach dem anderen fiel aus dem bröckelnden Mauerwerk. Doch so unansehnlich die einstmals stolze Festung wurde, so hartnäckig hielt sich ein Gerücht im nächsten Dorf. Ein unendlich wertvoller Schatz soll vor der Aufgabe der Burg im Inneren von Hohenfreyberg versteckt worden sein.

In einem abgelegen Burghof der Ruine gäbe es ein unheimliches, enges Loch, das in die geheimnisvolle Tiefe des Burgberges führe. So raunte man sich abends an den Wirtshaustischen zu. Doch niemand hatte den Mut, sich in die bodenlose Finsternis abzuseilen. Eines dunklen Herbsttages fassten sich drei Hirtenjungen ein Herz. Sie baten einen Ministranten, ihnen eine geweihte Kerze zu besorgen und bekamen das wertvolle Licht auch schon am nächsten Tag. Auch der ansässige Seiler ließ sich nicht lange bitten, den dreien ein dickes Hanfseil auszuleihen, und so gingen sie schließlich ans Werk. Einer nach dem anderen ließ sich an dem lebenswichtigen Strick in die Dunkelheit herab. Wie blind tasteten sich die Burschen an feuchten Gewölben entlang. Am Ende eines schmalen Ganges entzündete dann einer der Hirten mit Hilfe von Feuerstein und Zunder die geweihte Kerze. Zuerst war in dem schwachen Schein des heiligen Lichts so gut wie nichts zu erkennen. Doch dann fing der Docht der Kerze richtig Feuer und erhellte das ganze unterirdische Gemäuer.

Wie freuten sich die Kerle, als sie tatsächlich im Schein der Kerze eine große Schatztruhe entdeckten. Doch wie erschraken sie auch, als hinter dieser ein knurrender, schwarzer Pudel hervorsprang, der einen großen Schlüssel im Maul hielt. Immer wieder sprang der unheimliche Hund auf die Jungen zu, die ein um das andere Mal ängstlich zurückwichen. Dann fasste sich der mutigste der drei ein Herz und wollte dem Pudel den Schlüssel entreißen.Da aber rief der jüngste der drei aus Angst: »Jesus, Maria und Josef, kommt uns zu Hilfe!« Und auf der Stelle versank der Pudel mitsamt dem wertvollen Schatz in den Untergrund.

Wohlbehalten, aber mit leeren Händen kehrten die drei ins Wirtshaus zurück. Dort erfuhren sie von einem uralten, fahrenden Händler, der ab und zu ins Dorf kam: »Hätte der ängstliche von euch seinen Mund gehalten, dann wäre der ganze Schatz euer gewesen. So ist der geheimnisvolle Schatz für alle Zeit dahin!«

## 20

**SCHWIERIGKEIT** Anspruchsvoll.

**GEHZEIT** 5 Std.

**HÖHENDIFFERENZ** 1200 Hm.

**TOURENCHARAKTER** Waldreiche Wanderung. Ab dem Säulinghaus ist gute Trittsicherheit erforderlich. Hier ist auch darauf zu achten, dass man Wanderer unter sich nicht mit losgetretenen Steinen gefährdet.

**AUSGANGS- UND ENDPUNKT** Parkplatz des Säulinghauses oberhalb von Pflach.

**EINKEHR** Säulinghaus, 1720 m, von April bis November voll bewirtschaftet.

**KARTE** UK L10 »Füssen und Umgebung« 1:50 000, Bayerisches Landesvermessungsamt.

**INFORMATION**
Füssen Tourismus und Marketing, Kaiser-Maximilian-Platz 1, 87629 Füssen, Tel. 083 62/938 50, Fax 083 62/93 85 20, E-Mail tourismus@fuessen.de.

**ANFAHRT**
**AUTO** Über die A7 bzw. B17 nach Füssen und Richtung Reutte. Vor der Lechbrücke nach links und über Unterpinswang und Oberpinswang nach Pflach. Wenige hundert Meter hinter dem Ort Schild »Säulinghaus«, nach links über die Gleise und über die Schnellstraße. Hier nach rechts zum Säulinghaus-Parkplatz.

**BAHN** Vom Allgäu mit Umsteigen in Kempten, von München mit Umsteigen in Garmisch in die Ausserfernbahn, mit dieser zur Zughaltestelle Pflach. Hier zu Fuß in knapp 30 Minuten zum Ausgangspunkt.

# DER HEXENPLATZ AUF DEM SÄULING

## Steile Wanderung auf einen tollen Aussichtsgipfel

**Direkt über dem Königsschloss Hohenschwangau ragt der Säuling in den bayerisch-österreichischen Himmel. Kein Wunder, dass so ein exponierter Berg die Fantasie der Einheimischen anregte.**

**Strecke** Wir besteigen den Berg nicht von Hohenschwangau, sondern von der österreichischen Seite aus. Der Vorteil: Man spart sich den enormen Trubel an den Königsschlössern und kommt zudem bei dieser Anstiegsvariante an dem herrlich gelegenen Säulinghaus vorbei.

Vom Parkplatz gehen wir an der Schranke vorbei und ein Stück auf dem Teerweg bergan. Bald zweigt rechts ein Fußweg ab, der mit einem Schild »Säulinghaus« unübersehbar markiert ist. Zuerst noch flach, dann zunehmend steiler geht es weiter im Wald bergauf.

Nach einiger Zeit stößt man auf eine Forststraße, der man nach rechts ca. 100 Meter folgt, bis wieder Schilder, diesmal nach links, zu einem Fußweg hinführen. Bei der nächsten Querung eines Fahrweges führt der Pfad kurz rechts und gleich wieder halblinks bergauf. In mäßiger Steigung geht es nun durch sehr schönen Bergmischwald weiter bergan.

Kurz darauf teilt sich der Weg und wir nehmen den schmaleren wieder nach links zum

Vom Gipfel des Säulings hat der Teufel einen Stein bis Roßhaupten geworfen.

Säulinghaus. Das Gelände wird bald flacher und wir stoßen noch einmal auf den Fahrweg, den man aber immer wieder ohne Orientierungsschwierigkeiten abkürzen kann. Zuletzt geht es immer steiler ansteigend zum schön gelegenen Säulinghaus hinauf. Vor dessen Nebenhütte weisen Hinweisschilder nach rechts zum weiteren Anstieg zum Säuling. Der Weg führt zuerst schräg über das Geröllfeld. Das Gelände wird steiler und felsiger und man muss ab und zu die Hände zu Hilfe nehmen. Alle schwierigeren Stellen sind mit Ketten gesichert.

Man erreicht einen schönen Sattel und wendet sich nach rechts. Zuerst noch über deutliche Serpentinen, dann in zuletzt abermals felsigem Gelände führen uns rote Markierungen bis auf den Gipfel.

**Wenn man mit öffentlichen Verkehrsmitteln anreist: Vom Säulingssattel können trittsichere Wanderer auch direkt bis nach Hohenschwangau zur Bahnstation absteigen.**

**TIPP**

# Hexenplatz auf dem Säuling

Der Säuling oberhalb von Füssen war früher ein gefürchteter Berg. Auf dem Gipfel, so hieß es, kamen in bestimmten Nächten die Hexen der ganzen Umgebung zusammen und hielten ihre Tänze ab. Mit üppigen Gelagen huldigten sie dem Herrn der Unterwelt, der meist in ihrer Mitte saß. Trafen sie auf ihrer Fahrt jemanden, der etwas auf dem Kerbholz hatte, auf offenem Felde an, so erfassten sie ihn und schleppten ihn durch die Lüfte bis auf die Bergspitze. Viele der Unglücklichen wurden auf der Strecke zwischen Reutte und Mühl von den Hexen gepackt. An dieser Stelle steht heute das Feldkreuz, genau dort, wo sich die Wege kreuzen. Am schlimmsten machten es die Hexen einmal mit einem Burschen aus Pflach mit Namen Benedikt Trentini. Der war ein gar jähzorniger Mann und hatte die Angewohnheit, bei jeder kleinen Verdrießlichkeit schrecklich zu schimpfen und zu fluchen. Dieser Trentini lag einmal abends spät im Bett, als ihn das laute Klingeln zahlreicher Glocken vor dem Fenster aufweckte.

Der Schlaftrunkene dachte sich, seine Ziegen wären aus dem Stall ausgebüchst. Sofort sprang er auf, zog sich schnell die Hose an und rannte hinaus. Doch kaum hatte er des Hauses Schwelle überschritten, da fuhr eine Schar Hexen auf ihn ein, riss ihn an den Haaren mit sich fort in eine tiefe Wildnis, wo ein Feuer flammte. Nach eigener Aussage hatten sie ihm ein Halfter um den Kopf geworfen und ihn an demselben fortgezerrt. An dem Feuer beschlugen sie ihm nun Hände und Füße mit Hufeisen, legten ihm einen Pferdezügel an, setzten sich auf ihn und peitschten ihn. Von einer unerklärlichen Macht getrieben, gewann er so viel Kraft, dass er seine Reiterinnen durch die stockfinstere Nacht bis auf die Spitze des Säulings trug.

Ganz erschöpft von diesem Hexenritt wurde er nun wie ein Ross an einen Pfahl gebunden und musste mit ansehen, welch wüstes Gelage am Gipfel stattfand. Es waren lauter Teufel da, die mit den Hexen tanzten, schmausten und zechten, und als der Spuk vorüber war, musste er mit den Hexen auf dem Buckel wieder als Pferd ins Tal rennen. Noch bevor er Pflach erreichte, begann von der Glocke zu Breitenwang das erste Gebetläuten. Auf der Stelle fuhren die Hexen zeternd davon. Dem Benedikt fielen die Hufeisen von Händen und Füßen ab und auf einmal lag er vor seiner Haustürschwelle. Darauf wurde er auf lange Zeit krank und hatte seitdem ein närrisches Wesen angenommen, ritt über die steilsten

Steingerölle und Steinrutschen mit größter Leichtigkeit, wobei er sich rittlings auf seinen Stock setzte und davonraste. Wegen seiner Erlebnisse auf dem Säuling nannte man ihn allgemein das »Hexenross« oder auch den »Hexenreiter«.

Nach einer weiteren Sage riss der Teufel persönlich einen Felsen des Säulings ab und schmiss ihn in Richtung Roßhaupten, doch als das Sechs-Uhr-Leuten zu hören war, fiel der Stein senkrecht auf den Boden und blieb direkt vor dem Dorf liegen. Er kann heute noch besichtigt werden. In ihm wurde ein Kreuz aufgestellt.

Spannend waren sie, die einmaliger
und lehrreich und

# Sagenwanderungen, sportlich obendrein …

# ORTS- UND SACHREGISTER


## A
Allgäuer Alpen 84 ff.
Archenkanzel 15
Ausserfern 62

## B
Bad Reichenhall 10, 14, 18
Bayerisch Gmain 18
Berchtesgaden 4, 10, 13 f.
Berchtesgadener Alpen 10 ff.
Berggeist Schmuck 38 f., 40 f.
Bergkäserei Weizern 84
Bichleralm 26
Botanischer Alpengarten am Schachen 56
Brandjochspitze 43

## C
Chiemgauer Alpen 22 ff.
Coburger Hütte 60 f.

## D
Daffnerwald 27
Daffnerwaldalm 26 f.
Drachensee 5, 60 f., 63

## E
Ehrwald 60
Ehrwalder Alm 60 f.
Eisenberg 84 ff.
Engalm 38
Erl 30
Erlebniskraftwerk Walchensee 65
Estergebirge 64 ff., 72
Ettenhausen 22

## F
Falkenhütte 38 f.
Fischunkelalm 10
Frau Hitt 42 f., 44 f.
Füssen 88, 90

## G
Garmisch-Partenkirchen 52, 56
Geigelsteinbahn 22
Gespaltener Klobenstein 22 ff.
Grünstein 15
Grünsteinhütte 14 f.

## H
Hallthurm 18
Hammersbach 74
Hammerstiel 14
Heimgarten 68
Heimgartengipfel 69
Heimgartenhütte 68
Heuberg 26 f., 28 f.
Hexenplatz 88
Hinterriß 34
Hohenfreyberg 84
Hohljoch 38
Höllkapelle 49
Hopferau 84
Hungerburg 42

## I
Ilgen 80
Innsbruck 42
Inntal 26

## J
Jäger Berchtold 10, 12 f.
Jakobsinsel 78
Jochberg 64
Jocher Alm 64 f.

## K
Karwendelgebirge 34 ff.
Käseralm 69
Kesselberg 66
Kesselbergsattel 64
Klobenstein 22 ff.
Kloster Schlehdorf 70
Kochel am See 64
König Watzmann 14
Königssee 4, 10 f., 15
Kranzhorn 30 f., 32 f.
Kranzhornalm 30
Kührointalm 15
Kundel vom Heuberg 26, 28 f.

## L
Laliderrerspitze 38
Lalidererwand 39, 41
Lattengebirge 19
Leutascher Geisterklamm 48, 50 f.
Leutaschklamm 48
Lieben 84

## M
Mahnkopf 5, 39
Mieminger Berge 60
Mittenwald 48, 50
München 66 f.
Murn vom Staffelsee 78 f.
Murnau 76 f.

## N
Nordkettenbahn 42
Nußdorf am Inn 26 f.

## O
Obernach 76
Oberreintal 56 f.
Obersee 10 f.
Ohlstadt 68, 70
Oswaldhütte 34

## P
Partnach 54
Partnachalm 53

Partnachklamm 52
Pestmännlein von Rottenbuch 80, 82 f.
Pfaffenwinkel 76 ff., 80
Pflach 88
Porta Claudia 49

**R**
Reintal 54
Rißbach 36
Röcken 35
Roßhaupten 84, 91
Rottenbuch 80

**S**
Salzburg 16
Säuling 88 f.
Säulinghaus 88 f.
Schachen 56 f., 58
Schachengeist 56, 58 f.
Schachenhaus 56 f.
Schafreuter 34 f., 36
Schatz zu Hohenfreyberg 86 f.
Schlafende Hexe 18
Schlossbergalm 84 f.
Schmugglerweg 22
Schönau 14
Schönegg 81
Schönegger Käsealm 80
Seegrube 42
Staffelsee 76 f.
Staffelseerundweg 76
Steinerne Agnes 2, 18 f., 20 f.

**T**
Taverne Klobenstein 22
Tiroler Ache 22 f.
Tölzer Hütte 34

**U**
Uffing 76
Untier im Drachensee 62 f.
Urfeld 65

**W**
Walchensee 64 ff.
Walchsee 31
Wallersee 64, 66 f.
Wallgau 72
Wallgauer Steig 73
Watzmann 14 f.
Weilheimer Hütte 73
Weizern 84
Werdenfelser Land 72
Wettersteiner Mandl 52, 54 f.
Wettersteingebirge 48 ff., 52, 56
Wildsee 72 f., 75

# IMPRESSUM

**Unser komplettes Programm:**
**www.j-berg-verlag.de**

Produktmanagement: Simone Calcagnotto
Textlektorat: Claudia Breckwoldt, Halstenbek
Illustrationen und Layoutkonzeption: Silke Schmelzer, München
Layoutumsetzung: Buchhaus Gigler, München
Repro: Scanner Service S.r.l.
Umschlaggestaltung: Thomas Fischer unter Verwendung eines Fotos von Michael Pröttel
Kartografie: Achim Norweg, München
Herstellung: Thomas Fischer
Printed in Italy by Printer Trento S.r.l.

Alle Angaben dieses Werkes wurden vom Autor sorgfältig recherchiert und auf den aktuellen Stand gebracht sowie vom Verlag geprüft. Für die Richtigkeit der Angaben kann jedoch keine Haftung übernommen werden.

Für Hinweise und Anregungen sind wir jederzeit dankbar. Bitte richten Sie diese an:
J. Berg Verlag in der C. J. Bucher Verlag GmbH
Produktmanagement
Postfach 80 02 40
D-81673 München
E-Mail: lektorat@j-berg-verlag.de

Alle Bilder im Innenteil und auf dem Umschlag stammen vom Autor Michael Pröttel, alle Illustrationen von Silke Schmelzer.
Umschlagvorderseite: Bootsfahrt auf dem Königssee
Umschlagrückseite: Illustration »Weiblein«, Silke Schmelzer, München

Ein Titelsatz für diese Publikation ist bei der Deutschen Bibliothek erhältlich.


ISBN 978-3-7658-4173-6